本书受到国家重点研发计划项目"服务价值与文化传播评估理论与技术"（2017YFB1400400）、北京市属高校青年拔尖人才项目（CIT&TCD20180405）、北京信息科技大学"勤信英才"培育计划项目（QXTCPC201706）、北京组织部优秀人才青年拔尖人才项目和北京市知识管理基地的资助

网络平台环境下数据、内容、服务以及技术资源价值评估及定价

倪渊 张健/著

经济管理出版社
ECONOMY & MANAGEMENT PUBLISHING HOUSE

图书在版编目（CIP）数据

网络平台环境下数据、内容、服务以及技术资源价值评估及定价／倪渊，张健著. —北京：经济管理出版社，2020.10
ISBN 978-7-5096-7357-7

Ⅰ.①网… Ⅱ.①倪… ②张… Ⅲ.①网络经济—研究 Ⅳ.①F49

中国版本图书馆 CIP 数据核字（2020）第 152434 号

组稿编辑：杨　雪
责任编辑：杨　雪　亢文琴
责任印制：黄章平
责任校对：董杉珊

出版发行：经济管理出版社
　　　　　（北京市海淀区北蜂窝 8 号中雅大厦 A 座 11 层　100038）
网　　址：www.E-mp.com.cn
电　　话：（010）51915602
印　　刷：唐山昊达印刷有限公司
经　　销：新华书店
开　　本：720mm×1000mm /16
印　　张：11.5
字　　数：213 千字
版　　次：2020 年 12 月第 1 版　2020 年 12 月第 1 次印刷
书　　号：ISBN 978-7-5096-7357-7
定　　价：56.00 元

·版权所有　翻印必究·

凡购本社图书，如有印装错误，由本社读者服务部负责调换。
联系地址：北京阜外月坛北小街 2 号
电　　话：（010）68022974　邮编：100836

前　言

国外开展网络平台交易实践较早，形成了以 Factual、Yet2.com、Freelancer 为代表的全球领先网络交易平台，具有相对成熟的价值评价方法和多样化定价模式。国外服务市场化程度较高，对技术、服务、数据以及内容资源的价值评估采用无形资产评估理论框架展开。国内网络平台服务经济发展时间短但势头迅猛，出现了如猪八戒网、技E网、数海平台等服务新形态，并且服务的复杂度和需求异质性都超过国外。然而，国内网络交易平台生态体系不完善，存在条块分割、自成一体等现象，并且资源价值评估和定价的主观性高、置信度低、交易规则不完善，难以直接移植国外相关评估理论进行服务价值评价。因此，亟待构建一套符合我国现代服务新业态、新形态的异质资源价值评估理论及定价方法，释放网络平台服务交易潜力。

对此，本书选择网络平台经济服务环境下最为活跃的技术、数据、服务以及内容四类资源作为对象：首先，借鉴价值链理论界定网络平台服务经济环境下四类资源的价值内涵，描述典型资源价值链的形成过程及影响因素，识别典型资源价值构成；其次，构建基于资源特征的分类评价指标体系，系统衡量所有价值要素；再次，通过融合深度学习与优化算法开发价值评估计量模型，实现对资源价值的准确评估；最后，利用公开数据验证价值综合评估模型的有效性。

本书尝试在以下三个方面进行突破：

第一，目前网络平台服务经济环境下技术、服务、数据与内容资源价值评估技术均由成熟的无形资产评估模型直接嫁接形成，难以反映技术、服务、数据与内容资源非实物性、收益性、不确定性、效用主观性和先验性，以及多次有偿转让等特点，其评价结果难以准确反映资源的全部价值。本书针对网络平台服务经济环境下，技术、服务、数据以及内容资源潜在交易价值难以转化的问题，构建服务新业态价值链理论，实现对复杂异质资源价值构成的系统刻画和价值精准评估，突破传统无形资产评估理论难以有效评价新业态下技术、服务、数据以及内容资源价值的局限。

第二，现有资源价值评价技术通过设置主观评价指标或者依靠行业经验和以往水平等定性评价方法来处理网络平台下资源的不确定性和模糊性,不同主体评估差异明显,结果评价置信度不高。本书以服务新业态价值链理论为基础,借助复杂网络和动态博弈仿真模拟资源价格形成机制,识别并提取定价关键参数,并结合网络平台交易资源库,运用大数据挖掘方法,构建资源特征与定价模式匹配模型,实现复杂异质资源定价模式最优选择,突破现有单一、随意的资源定价模式。

第三,目前网络平台资源定价普遍采用卖方主导的定价原则,以经验的点估计值作为参考价,忽略了网络交易价格的形成是资源内在使用价值与外在其他因素复杂作用的过程。现有定价方法放大了平台交易双方信息不对称所造成的负面效应,导致双方期望价格差距过大,抑制了网络平台交易的活跃度。本书融合深度学习与优化算法开发基于网络商家个性特征的智能定价技术,为网络平台商家推荐不同经营策略和定价模式下的最优价格,突破现有定价技术主观性强、预期价格差距大的局限。

倪渊　张健

2020 年 6 月

目 录

第一章 网络平台服务经济环境下内容资源的价值评估 /1

    一、数字内容产业发展概况 /2
        （一）数字内容产业规模分析 /2
        （二）数字内容产业收入占比分析 /4
    二、数字内容资源的研究概况 /6
        （一）数据获取 /6
        （二）文献发文量分析 /7
        （三）文献作者与被引作者分析 /7
        （四）期刊与研究机构分析 /10
        （五）文献被引分析 /12
    三、研究内容特征分析 /15
        （一）文献基本特征 /15
        （二）研究领域特征 /17
    四、数字内容资源机制评估指标体系构建 /21
        （一）数字内容资源价值的影响因素 /21
        （二）内容资源价值评估指标体系的构建 /26
        （三）以京东电子书为例的实证研究 /27
    五、小结 /33

第二章 网络平台服务经济环境下数据资源的价值评估 /34

    一、数据资源交易的产业发展现状 /35
        （一）大数据产业规模分析 /35
        （二）大数据政策回顾 /36
        （三）数据交易平台现状 /38
    二、数据资源理论研究概况 /40
        （一）数据资源交易理论研究现状 /40

（二）数据资源价值评估理论研究现状　/51
　　（三）研究述评　/56
三、数据资源价值评估指标体系的构建　/57
四、基于AGA-BP神经网络模型的数据资源价值评估模型　/59
　　（一）AGA-BP神经网络模型的构建　/59
　　（二）AGA-BP神经网络模型的实现步骤及流程　/62
五、实证分析　/64
　　（一）数据来源及处理　/64
　　（二）模型参数设计　/64
　　（三）结果与分析　/65
六、小结　/69

第三章　网络平台服务经济环境下技术资源的价值评估　/71

一、专利技术价值评估研究概况　/72
　　（一）发文趋势分析　/72
　　（二）研究主题分析　/73
二、专利价值评估相关理论研究综述　/75
　　（一）专利价值内涵界定　/75
　　（二）专利价值评估指标体系构建　/76
　　（三）专利价值评估方法研究　/79
三、基于价值链的专利价值评估指标体系构建　/84
　　（一）网络平台服务经济环境下的专利价值链构成　/84
　　（二）网络平台下的专利价值评估指标体系　/85
四、基于灰色关联分析——随机森林回归的专利价值预测模型　/88
　　（一）GCA-RFR模型建立　/88
　　（二）基于熵值修正G1的灰色关联分析法构建专利样本集　/88
　　（三）基于随机森林回归的价值预测　/90
五、评估模型有效性验证　/91
　　（一）数据获取　/91
　　（二）样本选择和模型建立　/92
　　（三）预测结果与分析　/94
六、小结　/97

第四章　网络平台服务经济环境下服务资源的价值评估　/99

一、服务价值评估研究概况　/99
  （一）发文趋势分析　/99
  （二）研究主题分析　/100

二、网络平台经济环境下服务价值的内涵　/103
  （一）权衡观　/103
  （二）层次观　/105
  （三）综合观　/107

三、网络平台经济环境下服务感知价值的影响因素　/109
  （一）平台因素　/109
  （二）产品因素　/110
  （三）顾客个人因素　/111

四、服务价值评估的实证研究——以知识产权服务为例　/111
  （一）知识产权服务的文献综述　/112
  （二）知识产权服务价值评估指标体系构建　/115
  （三）知识产权服务价值评估模型的构建　/118
  （四）实证分析　/122

五、小结　/125

第五章　双目标多主体下的技术交易"一站式"服务平台定价模式研究　/127

一、引言　/127

二、文献综述　/128

三、技术交易"一站式"服务平台的特征分析　/129
  （一）技术交易"一站式"服务平台的复合型双边市场特征　/129
  （二）技术交易"一站式"服务平台的属性特征　/131
  （三）模型假设　/133

四、不同视角下的定价模型　/136
  （一）平台利润最大化视角下的定价模型　/137
  （二）社会福利最大化视角下的定价模型　/140

五、数值仿真与分析　/142
  （一）平台利润最大化下的数学模型仿真　/142
  （二）社会福利最大化下的数学模型仿真　/146

（三）目标变迁下的定价模式分析　/147
　　（四）验证分析　/148
　六、小结　/150

参考文献　/152

后　记　/175

第一章　网络平台服务经济环境下内容资源的价值评估

在构建新时代大国自信的道路上，文化自信担当了重要的桥梁角色，不仅向世界传播了中国声音，讲述了东方文明，而且促进了政治、经济、社会生活等各个领域的交流与合作。随着文化传播理念的进一步创新，以及信息技术的不断发展，中国文化"走出去"的类型日渐丰富、渠道更加通畅。互联网广告、移动出版、网络游戏等数字出版产业的快速发展均是文化繁荣铿锵表达的新形式。《2017~2018中国数字出版产业年度报告》显示，2017年我国数字出版产业整体收入持续增长，达7071.93亿元，较2016年同比增长23.6%。此外，报告还显示，近十年来数字出版产业整体规模不断扩大，并且年同比增长规模不断攀升，这说明我国数字内容消费市场正在不断壮大。

针对内容资源领域，国外开展网络平台交易实践较早，内容服务市场化程度较高，形成了以Factual、Yet2.com、Freelancer为代表的全球领先网络交易平台，具有相对成熟的价值评价方法和多样化定价模式。国内网络平台服务经济发展时间短但势头迅猛，出现了如猪八戒网、技E网、数海平台等服务新形态，并且服务的复杂度和需求异质性都超过国外。然而，国内的内容资源交易平台生态体系并不完善，存在价值评估标准不一、定价主观性高、置信度低等现象，因此，构建内容资源价值评估体系，并对其进行合理的价值评估和定价十分必要。

面对国家"一带一路"倡议中中国文化"走出去"的现实需求，以及数字内容资源数量和重要性不断增加的重要形势，本书拟从网络平台服务经济环境的新时代背景和条件出发，首先，从现实状况梳理内容产业的发展规模，深刻把握内容产业概况和产业特征；其次，从理论层面梳理影响内容资源价值的诸多因素，构建内容资源价值评估指标体系，并结合内容资源价值评估理论和技术，准确把握内容资源价值评估方法。

一、数字内容产业发展概况

（一）数字内容产业规模分析

在1995年的西方七国会议中首次提出了"内容产业"的概念，其后1996年的《信息社会2000计划》进一步明确了内容产业的内涵，将其界定为制造、开发、包装、销售信息产品及其服务的行业。网络平台视角下的内容产业是指数字内容产业，其以音频、视频、图片、文稿、数据等具有商业价值和社会价值的知识资源为主要业务内容。数字出版是重要的内容产业之一，也是当前比较流行的热点消费产业，本书对内容产业概况的分析以数字出版产业为代表。根据《2017~2018中国数字出版产业年度报告》公布的相关数据，本书绘制出了数字出版产业的整体规模情况，具体如图1-1所示。

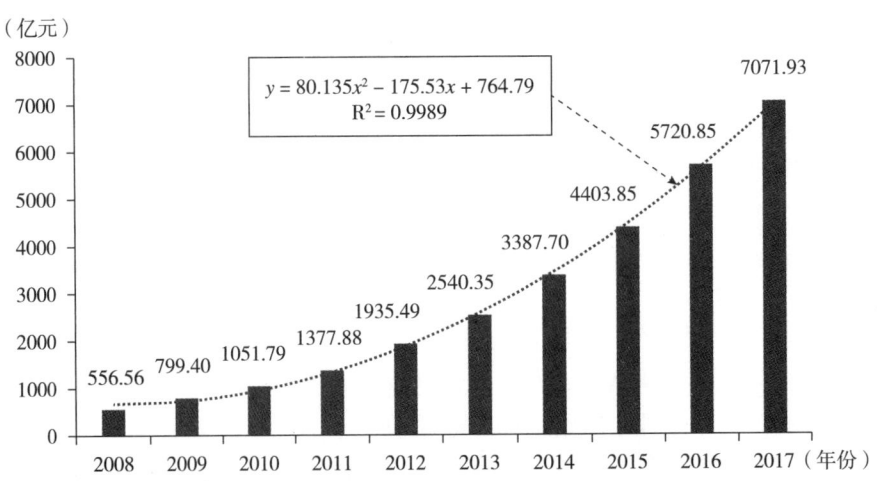

图1-1 2008~2017年数字出版产业整体规模情况

资料来源：《2017~2018中国数字出版产业年度报告》。

由图1-1可知，近10年数字出版产业整体规模不断增大，并且年同比增长规模不断攀升。根据整体规模情况拟合的二次曲线趋势可知，判定系数$R^2 = 0.9989$，拟合效果极度吻合，说明数字出版产业正处于稳定增长期，未来一段时间整体规模将持续扩大,并将成为推动数字内容产业不断发展的强劲动力。

数字出版产业中,比较突出的细分产业为互联网广告、移动出版、在线教育、网络游戏、网络动漫、在线音乐、博客类应用、电子书、互联网期刊、数字报纸等。各细分产业发展状况不一,具体规模状况如图1-2所示。

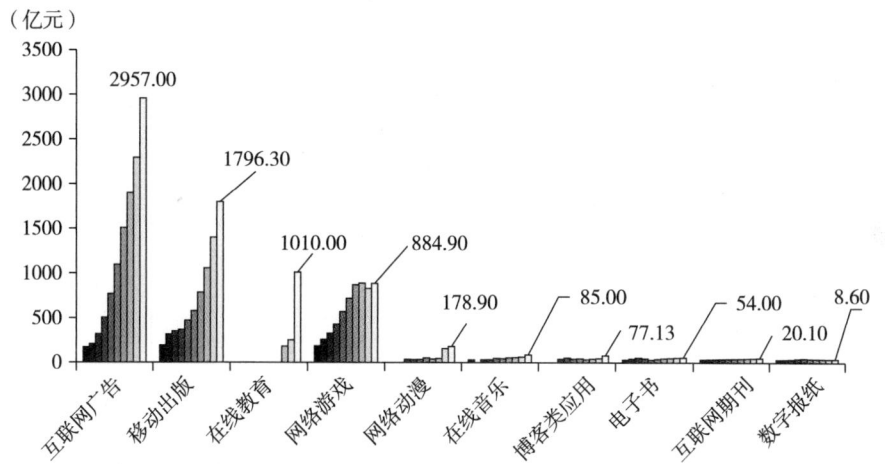

图1-2 2008~2017年数字出版产业规模情况

注：图上空缺部分是由于相关数据统计有缺失。

资料来源：《2017~2018中国数字出版产业年度报告》。

由图1-2可直观看出,总体来讲,各细分产业规模均呈现出不断增长的趋势,其中,互联网广告、移动出版、在线教育及网络游戏四类产业规模优势明显。其主要原因如下：①信息技术的发展促使各类网络平台如雨后春笋般层出不穷。网络平台的大量出现,为互联网广告提供了广阔的交易市场。②软件技术的发展使得各类移动端应用应运而生。移动出版通过流量瓜分移动用户的碎片化时间,除了规范化程度不一的自媒体之外,公众媒体也纷纷加入移动出版的行列,每日定时推送的相关信息均是数字出版内容的重要范畴。③人才的竞争促使人们更加注重提升技能和知识水平,在线教育提供了个性化的知识服务,使学习时间和地点更加自由便捷。④文学创作的发展以及计算机技术的不断成熟,使得人物情节更加生动的网络游戏得以改编,漂亮清晰的画面以及简易便捷的操作,极大地满足了人们对休闲娱乐的追求。就2017年的产业规模而言,以上四类细分产业贡献了94.01%的产业整体规模,成为名副其实的数字出版主力产业。网络动漫、在线音乐、博客类应用、电子书、互联网期刊、数字报纸六类产业，受用户偏好的影响较大，因此用户量较少，与上述四类细分产业相比，收入规模稍显逊色。

（二）数字内容产业收入占比分析

根据出版产业收入占比情况能够清晰地看出该产业格局的变化，而对产业格局进行深入剖析，能够帮助我们全面把握内容产业发展状况及未来发展方向。为此，本书统计梳理了中国近 10 年数字出版产业的收入总额情况，具体如图 1-3 所示。

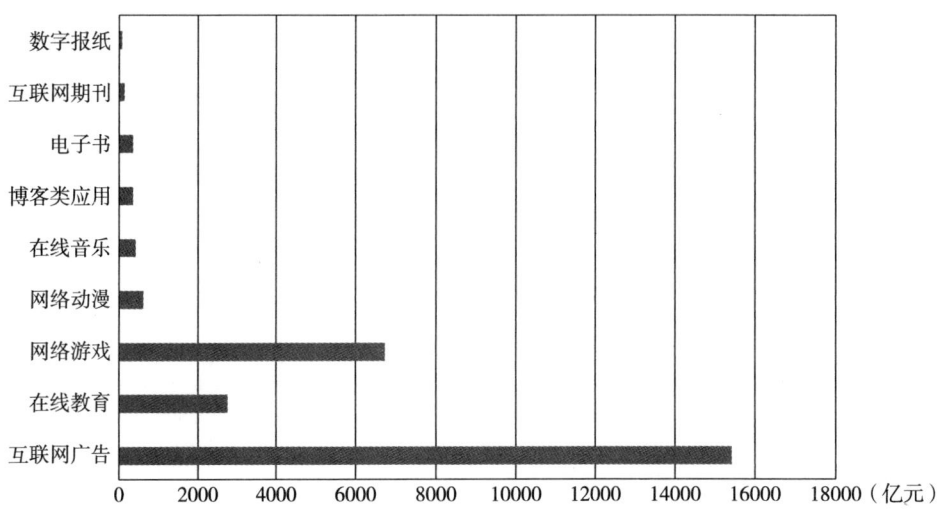

图 1-3 2008~2017 年数字出版产业收入总额情况

资料来源：《2017~2018 中国数字出版产业年度报告》。

1. "内容为王"时代来临，创意是实现内容价值的重要支撑

由图 1-3 可知，互联网广告的产业收入一直是数字出版产业收入的主要来源，近几年持续贡献了 40% 以上的收入。互联网广告的核心是内容创意，以内容为依托的广告创意不断推陈出新，促使互联网广告持续发力。随着自媒体和公众媒体的快速发展，移动出版成为数字出版的重要发展方向，年均收入占比大于 25% 的成绩，再一次证实了"内容为王"时代的来临。适逢国家大力发展文化产业，互联网广告和移动出版抓住时代机遇，势必会促进文化和内容产业的共同繁荣。

2. 网络文学不断发展，知识服务全面推进

据不完全统计，2017年网络文学市场规模达到130.2亿元，网络文学用户规模占网民总数的48.9%，并且国内主要网络文学网站的原创作品不断增多，进行各种文学创作的作者数量超过1300万。图1-3中移动出版、网络动漫、网络游戏的产业规模均得益于网络文学的不断发展。将网络文学改编成电影、电视剧、游戏、动漫等多元化IP（Intellectual Property）开发内容的现象屡见不鲜。博客类应用也是原创作者施展才华的重要平台。随着网络文学不断趋向规范化、精品化，以上新兴产业板块具有更大的发展空间。

随着教育行业不断改革和转型升级，在线教育课程已广泛覆盖各教育领域。从其收入规模来看，收入占比逐年大幅提升，同时行业竞争日趋激烈，因此应警惕马太效应出现。可探索前沿的科技教育领域，例如，与人工智能结合的知识教育具有较大的产业前景。知识付费内容资源的提供，是对教育产品的重要补充，目前比较流行的知乎问答、得到APP等，均是知识服务的创新模式，标志着知识服务正在全面推进，发展前景未来可期。

3. 知识产权日趋规范，IP价值走向发展快车道

随着国家不断加大对知识产权的保护力度，一系列相关行业法律法规落地实施，为IP价值快速发展保驾护航。由图1-3可知，在线音乐一直以来发展不温不火，原因在于不够规范的知识产权阻碍了音乐人的传播动力。然而网络动漫近两年表现出色，以持续3%的规模占比跳出之前的低迷状态，走向了快速发展之路，该转变正是由于知识产权的日益规范，使得资本开始比较青睐IP价值产业。随着人们知识产权意识的不断增强，IP价值在金融资本的助力下会得到更加充分的挖掘和释放，IP价值产业有望交上更加满意的答卷。

4. 传统出版产业数字化转型进展缓慢，融合发展之路任重道远

数字报纸、互联网期刊以及电子书均属于传统出版数字化产业。由图1-3可知，近年来，传统出版数字化产业规模占比逐年减少，该现象一方面反映了数字出版产业发展不平衡，传统出版数字化产业相较于其他产业发展较慢；另一方面反映了传统出版数字化产业内部存在结构性问题，需借助网络科技技术和国家政策的大力支持，进一步深化转型升级，加快推进融合发展。实践中，中国科技期刊全流程数字出版与国际化传播平台的投入使用，以及期刊移动端APP结合AR识别技术实现期刊内容的立体呈现等，都是内容与技术相结合的重要探索。只有不断从根本上解决束缚其融合发展的问题，才能为数字化转型产业赢得均衡发展的空间。

网络平台环境下数据、内容、服务以及技术资源价值评估及定价

二、数字内容资源的研究概况

文献计量方法在学科发展分析、研究概况了解等方面应用广泛。本书采用文献计量方法,结合数据可视化软件 CiteSpace 的应用,对数字出版领域 2009~2018 年的中英文文献进行知识挖掘,深入探究该领域研究层面的特征关系,科学直观地分析该领域的研究概况。

(一) 数据获取

由于从中国知网(CNKI)数据库批量导出的文献不包含参考文献信息,无法做高被引参考文献分析,而中文社会科学引文索引(CSSCI)数据库可以弥补这一不足,因而本书选取 CSSCI 数据库为中文文献数据库。为从整体上把握数字出版研究领域概况,本书首先采用"探索式"检索方式,以"数字出版"为主题词,在 CSSCI 数据库进行文献检索,发现从 2009 年开始相关研究才有统计意义,因此,将"2009 年"作为文献获取的起始节点。考虑到数据库收录的年度完整性,本书将"2018 年"作为文献获取的终止节点,为保证数据一致性,英文文献同样以"2009 年"和"2018 年"为搜索节点,英文文献数据库选择 Web of Science 核心合集。本书采用"高级检索"的方式对两个数据库的相关文献进行了检索,具体检索式如表 1-1 所示。

表 1-1 中英文数据的具体检索式

数据库名称	中文社会科学引文索引(CSSCI)	Web of Science 核心合集
检索主题词	"数字出版"	"Digital publishing"
时间跨度	2009 年 1 月 1 日至 2018 年 12 月 31 日	2009 年 1 月 1 日至 2018 年 12 月 31 日
文献类型	期刊	Article
研究领域	新闻传播、情报学、法学、经济学等	Information science、Library science、Computer science、Communication 等

本书通过人工判读和数据预处理,对相关研究领域逐一筛选,剔除新闻简

讯、人物专访、会议致辞等与研究内容不相关的文献，最终筛选得到中文文献968篇、英文文献1675篇。

（二）文献发文量分析

本书根据发文量年度数据分布绘制出了论文增长变化曲线，具体如图1-4所示。

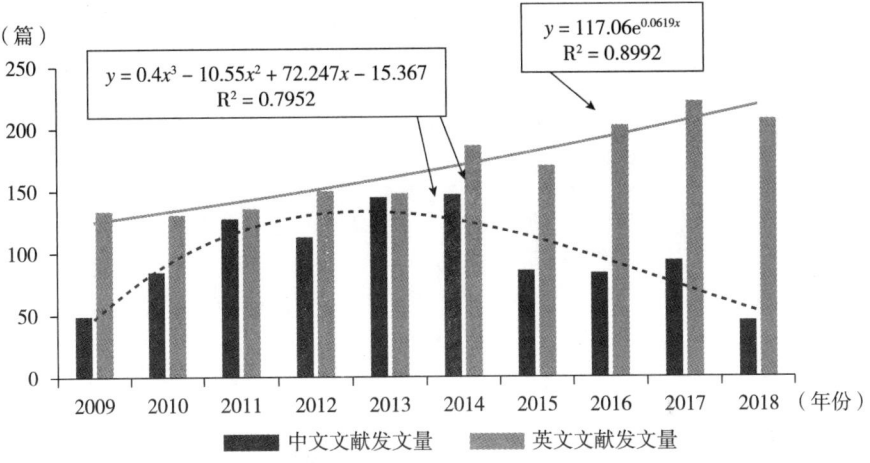

图1-4　中英文文献发文量统计及增长变化趋势

资料来源：CSSCI和Web of Science数据库。

由图1-4可知，英文文献有关数字内容领域的研究呈不断上升趋势，回归公式为：$y = 117.06 e^{0.0619x}$，判定系数 $R^2 = 0.8992$；中文文献呈多项式曲线趋势，回归公式为：$y = 0.4 x^3 - 10.55 x^2 + 72.247x - 15.367$，判定系数 $R^2 = 0.7952$。两个判定系数说明，回归方程拟合度较好，从而可得出以下结论：①英文文献关于数字内容领域的研究逐年增多，该领域目前是学术界关注的热点；②国内研究近年呈下降趋势，但现实状况并非如此，通过分析英文文献研究机构可知，有不低于11.15%的英文研究来源于中国机构。因此，说明中国学者在数字出版研究领域已跻身世界水平，正在为推动全球数字内容产业的发展做出重要贡献。

（三）文献作者与被引作者分析

CiteSpace分析工具因其操作简便、可视化效果较好深受情报学领域的研究者喜爱。本书借助该分析工具,以作者、被引作者、被引文献、研究机构等为研究视角,在相关词频统计的基础上,形成知识共现网络,挖掘不同视角下的知识特征关系。图1-5为中英文文献作者共现知识网络情况,中英文文献作者统计阈值均为2。本书中的知识网络共现图均采用CiteSpace软件绘制。

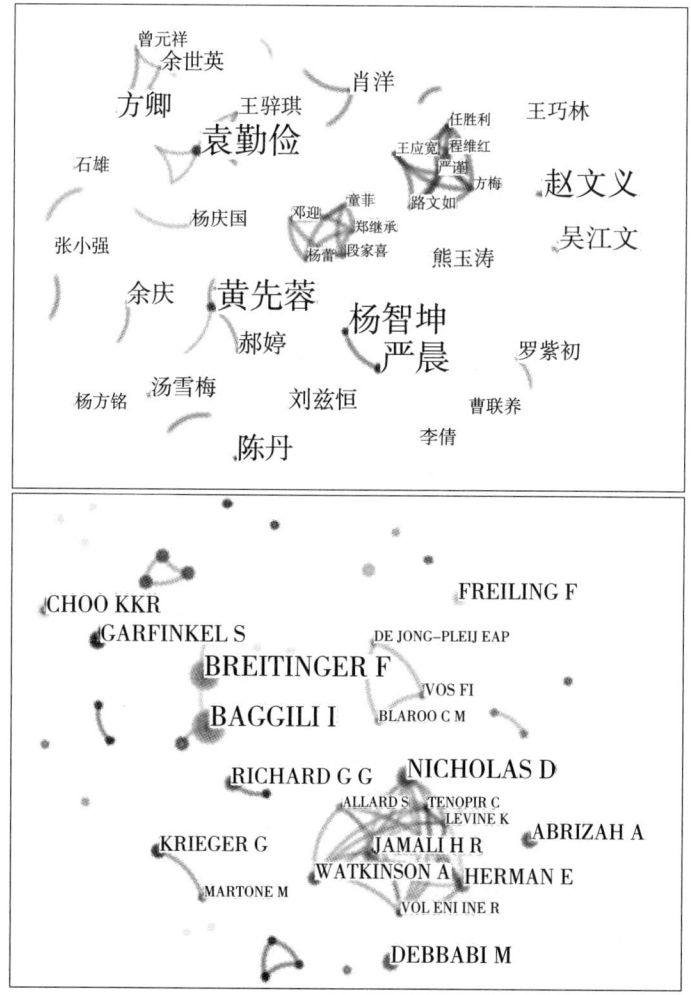

图1-5　中英文文献作者共现知识网络

由图1-5可知,中文文献中,贡献比较突出的学者有黄先蓉、袁勤俭、严晨、赵文义、杨智坤等,以上学者近10年在数字出版领域发表的相关研究均在11篇以上;英文文献中,贡献比较突出的学者有 Baggili、Breitinger、Nicholas

等，以上学者近10年在数字出版领域发表的相关研究均在5篇以上。被引文献中，被引作者情况如图1-6所示。中英文文献被引作者统计阈值分别为4和8。

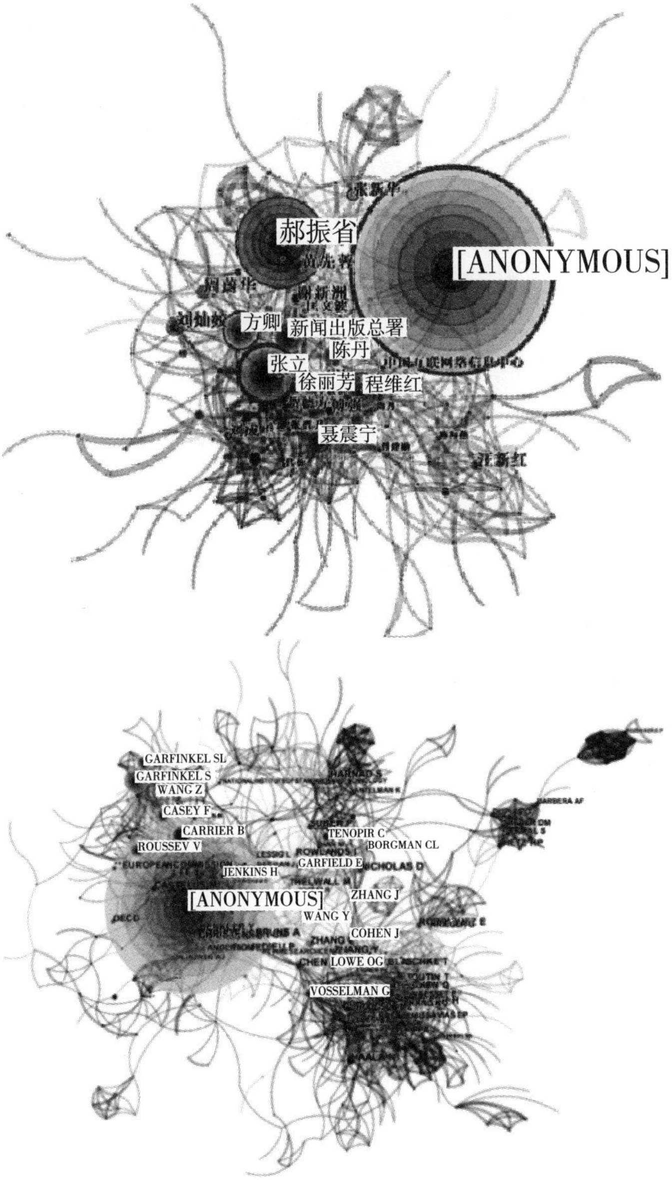

图1-6 中英文文献被引作者共现知识网络

由图 1-6 可知，中文文献中，除匿名作者外，被引频次较高的作者和单位有郝振省、张立、程维红、方卿、新闻出版总署、徐丽芳、陈丹、聂震宁等，以上学者或单位近 10 年内在数字出版领域发表的相关研究均被引 20 次以上；英文文献中，除匿名作者外，被引频次较高的作者有 Garfinkel S.、Carrier、Garfinkel S. L.、Casey、Roussev、Kraus、Cohen、Vosselman、Tenopir、Jenkins、Zhang、Lowe、Garfield、Wang、Borgman 等，以上学者近 10 年内在数字出版领域发表的相关研究均被引 20 次以上。

通过观察可发现，在文献中贡献能力较大的作者，其高被引频率的可能性也较大，如陈丹、程维红、Garfinkel S. 等，在近几年的发文量和被引量均较高。另外，可以发现在英文文献中中国学者的贡献比较突出，从以上被引作者中可多次看到中国学者的身影，在对英文文献作者所属国家进一步分析时，可以更加直观地看到中国学者的占比情况，从而更加确定了中国学者在国际上的学术地位和水平。作者所属国家共现知识网络如图 1-7 所示。

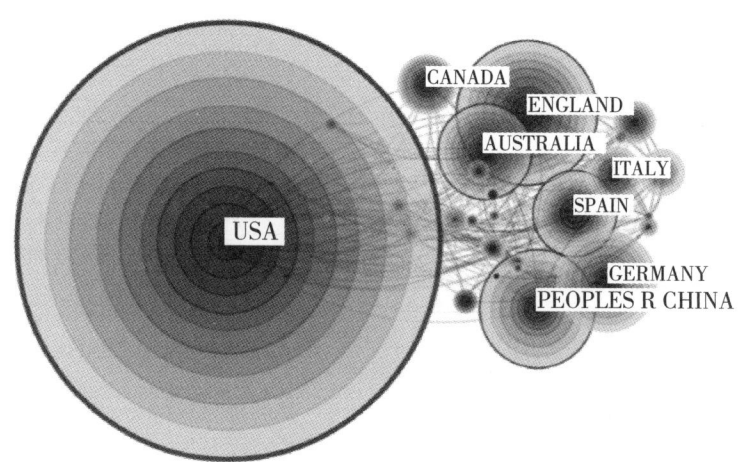

图 1-7　作者所属国家共现知识网络

（四）期刊与研究机构分析

数字出版领域的发文期刊一般为情报类、新闻传播类、信息技术类等，近 10 年发文量较多的期刊如图 1-8 所示。

根据图 1-8 中词频统计，本书列举出了国内外比较具有代表性的数字出版领域研究期刊，具体如表 1-2 所示。

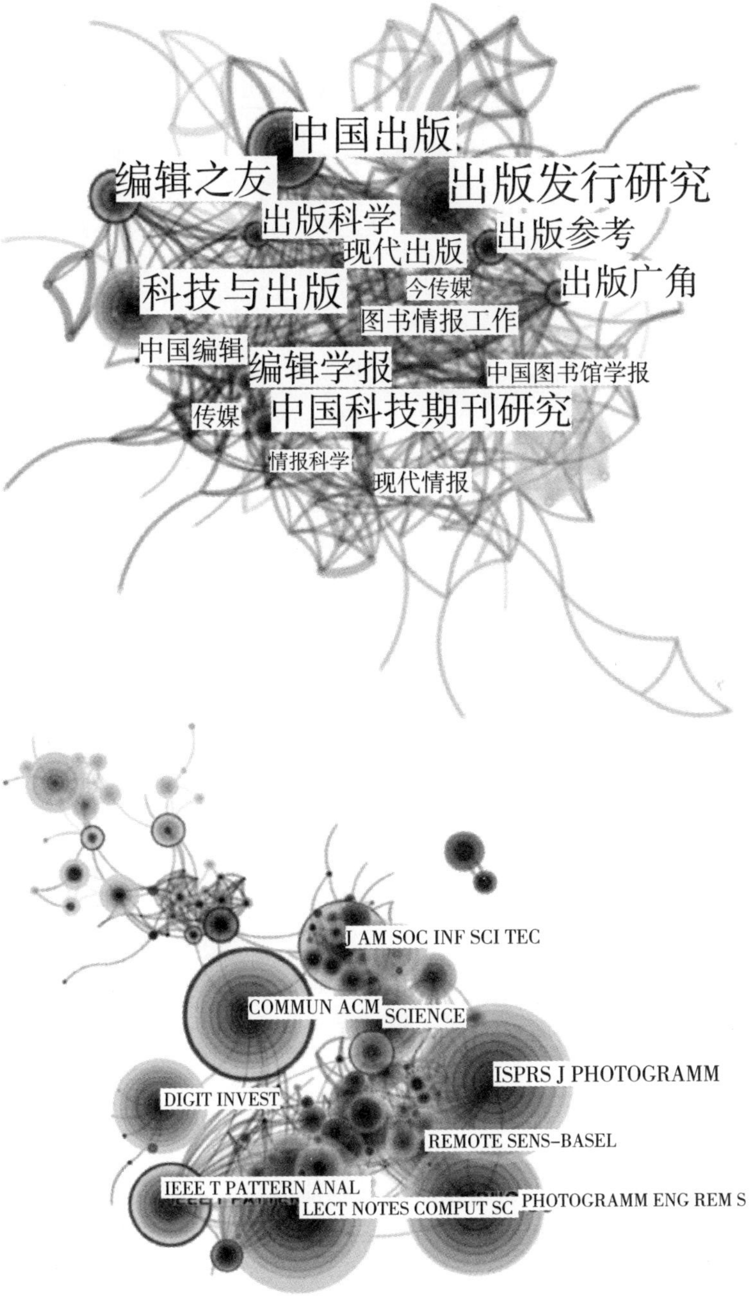

图 1-8　发文期刊共现知识网络

表1-2 中英文期刊TOP10列表

中文期刊	频数统计	英文期刊	频数统计
出版发行研究	224	Isprs J Photogramm	197
科技与出版	198	Lect Notes Comput Sc	196
中国出版	193	Photogramm Eng Rem S	171
编辑之友	127	Commun Acm	157
中国科技期刊研究	98	Digit Invest	120
出版参考	87	J Am Soc Inf Sci Tec	111
出版科学	87	IEEE T Pattern Anal	101
出版广角	82	Int Arch Photogramme	83
编辑学报	81	IEEE T Image Process	58
现代出版	44	Geophys Res Lett	58

本书进一步对研究机构进行了分析，并根据分析结果绘制出了中英文文献研究机构概况图，具体如图1-9所示。

由图1-9可知，在数字出版研究领域，国内研究机构以北京印刷学院为代表，其次是武汉大学、长安大学、北京市环境与艺术学校。英文文献的研究机构比较突出的依然是武汉大学，其次是Univ Illinois、US Geol Survey、Univ Bologna和中国科学院。以上结果再次验证了中国科研机构在数字出版研究领域的雄厚实力，凸显了我国在数字出版人才队伍建设方面所做出的巨大努力。实际上，2017年8月，原国家新闻出版广电总局启动了"数字出版千人培养计划"，通过慎重遴选，确定了北京印刷学院和武汉大学两个单位承担该计划的试点培训工作，以上对数字出版领域研究机构的分析，说明该项计划已取得初步成效，政策支持和人才培养会在一定程度上推动学科发展。

（五）文献被引分析

在数字出版领域单篇被引量较高的文献能够在一定程度上反映该领域研究的共性，根据文献被引统计量，可列举数字出版领域的被引文献状况，如表1-3所示。

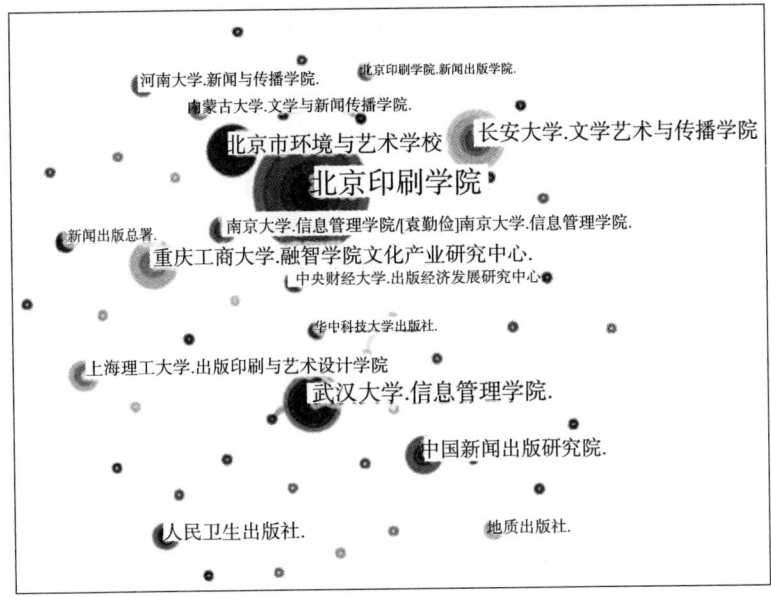

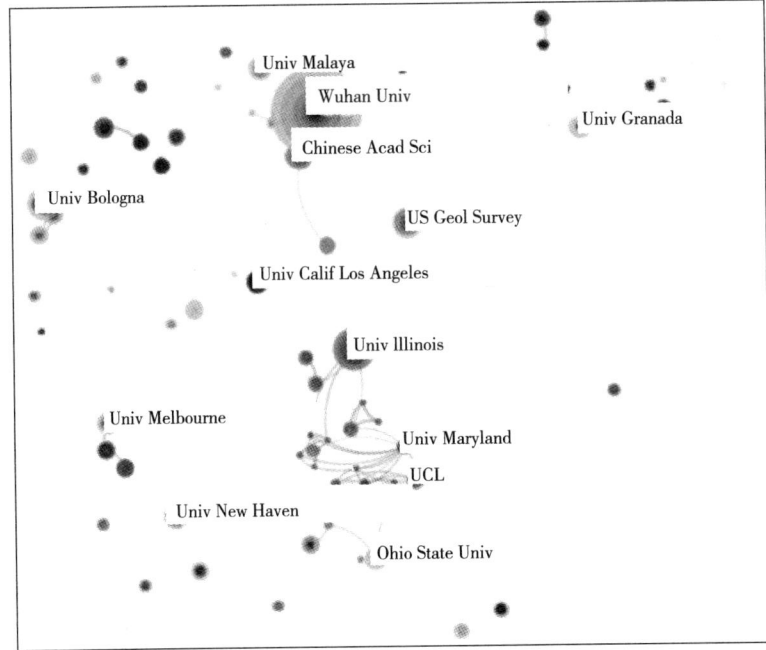

图1-9 中英文文献研究机构共现知识网络

表 1-3 中英文文献被引量 TOP10 列表

中文文献	频数统计	英文文献	频数统计
汪新红，2011，中国科技期刊研究，V22，P1	12	Blaschke T.，2010，Isprs J. Photogramm，V65，P2	15
刘灿姣，2009，中国出版，V0，P1	10	Hohle J.，2009，Isprs J. Photogramm，V64，P398	10
程维红，2011，中国科技期刊研究，V22，P4	8	Garfinkel S.，2012，Digit Invest，V8，P161	9
王明亮，2010，传媒，V0，P11	6	Garfinkel Sl，2010，Digit Invest，V7，P0	8
郝振省，2011，出版参考，V0，P21	6	Casey E.，2011，Digital Evidence Com，V0，P0	7
左健，2010，中国出版，V0，P8	6	Rowlands I.，2011，Learn Publ，V24，P183	6
吕赛英，2012，编辑学报，V24，P1	5	Singer J.，2011，Participatory Journa，V0，P0	6
孙玉玲，2013，出版发行研究，V0，P4	5	Awrangjeb M.，2010，Isprs Jphotogramm，V65，P457	5
吴江文，2010，中国出版，V0，P6	5	Chadwick A.，2013，Hybrid Media System，V0，P0	5
周利荣，2010，出版发行研究，V0，P10	5	Garfinkel Sl，2013，Comput Secur，V32，P56	5

通过详细对比以上文献的研究内容不难发现，中文文献的研究大体上比较宏观，而英文文献的研究相对比较具体。中文文献中不乏一些数字出版年度报告分析、数字出版研究领域的综述，稍微具体一些的便是针对大数据特点分析数字出版产业的发展趋势、对优先数字出版模式的探讨、对数字出版产业链整合问题的分析、对期刊网站建设和运营模式的分析等，总体上严格围绕数字出版领域的宏观问题展开，对整个产业格局的界定比较清晰，但具体操作性和技术性问题研究欠缺。然而英文文献的研究则集中在比较深入的技术问题上，如对图像处理技术、激光扫描和自动摄影技术、数字取证技术、利用数字媒体的特征提取工具对批量数据进行分类分析等问题的探讨，稍微宽泛一些的便是对社交媒体在工作流程中的应用研究、混合媒体系统在传统政治权力争夺中的影

响和作用研究、参与机制对新闻传播的影响等，总体上偏重对数字技术开发和应用的细致问题研究，重点突破制约数字出版产业发展的难题，但缺少对宏观发展方向的把握。

三、研究内容特征分析

（一）文献基本特征

通过关键词聚类分析，可以从整体上把握学科在研究内容上的特征关系，梳理出研究领域的内容层次和特点，从而帮助我们从全局视角了解学科当前发展状况以及未来发展方向。本书借助 CiteSpace 软件对中英文文献分别进行了关键词提取，对以上文献逐年切割，选择每个切片前 50 的关键词进行统计，绘制出了关键词共现知识网络图，并在此基础上进行了知识聚类分析，研究发现，中英文文献主要聚类存在差异，重点研究领域也略有不同。根据关键词词频统计，本书列举出了两类文献集的主要关键词情况，具体如表 1-4 所示。

表 1-4　数字出版领域中英文文献关键词统计 TOP10 列表

中文关键词	频数统计	英文关键词	频数统计
数字出版	679	Digital Forensics	82
数字出版物	51	Algorithm	65
学术期刊	38	Internet	60
科技期刊	28	Social Media	51
商业模式	28	Information	50
数字出版产业	26	Classification	49
传统产业	26	Open Access	38
人才培养	20	Digital Library	37
版权保护	20	Technology	36
产业链	19	Accuracy	36

结合表1-4，本书对聚类结果进行了整合分析，并分别总结了中英文文献在数字出版领域的研究重点。其中，中文文献的研究主要集中在如下领域：

（1）出版物研究。出版物研究主要体现在对学术期刊、科技期刊、电子书等数字化内容产品的研究，较为常见的研究有对杂志社出版内容的分析，对某一研究主题在特定期刊的研究概况梳理，对电子书、电子期刊的编辑/出版模式和影响力分析等。

（2）出版产业研究。出版产业研究主要体现在对商业模式、盈利模式的探索。它一般以出版企业为研究对象，以传统出版、数字化出版、优先出版等不同出版模式或订阅制、会员制、免费制等不同商业模式为条件，对比出版产业的盈利状况。研究重点包括对数字化转型升级的探索、融合发展策略的探索等。

（3）版权保护研究。随着国家不断加大对版权保护的重视力度，以及国民知识付费意识的不断普及，数字出版产业的版权保护研究成为当前热点。内容资源变现的重难点在于对版权的确认及估值，结合相关法律法规及会计制度的分析，是版权保护方面的研究重点。

（4）产业链研究。产业链研究提出的时间较早，但它一直贯穿于整个数字出版研究领域始终。随着信息技术和软件技术的发展，产业链研究一是体现在大数据、云计算、数字化处理软件等方面的研究，二是体现在数字出版产业、数字内容生产及内容分析的研究，三是体现在数字出版人才的培养、创新编辑模式的开发等方面的研究。

英文文献的研究主要集中在如下领域：

（1）出版技术研究。出版技术研究主要体现在对学术期刊、内容资源等进行数字化处理时所采用的网络技术和软件技术的研究，主要包括互联网、大数据等信息化算法创新技术，以及一些比较具体的数字取证、数据识别和提取、数字排版、图片处理等软件技术的研究。

（2）出版物研究。同中文文献类似，英文文献中的出版物研究也体现在对报纸杂志、教育资源、知识数据库、电子图书馆等数字化内容产品的研究，研究内容也与中文文献类似。

（3）版权保护研究。英文文献一直比较关注知识产权的保护问题，由于有些发达国家相关法律法规相对比较完善，因此，对版权界定问题的研究较为常见。另外，还有数字内容产品私有化、数字版权公开与否、数字创意与变现方式等相关研究。

（4）社交媒体研究。在对数字出版产业的研究中，社交媒体研究占据了较大比重。社交媒体作为新兴的产业领域，引领了该领域的研究方向。社交媒体研究一方面体现在对社交软件的研究，如对Facebook、Twitter等社交软件中信息传递的研究；另一方面体现在对社交行为的研究，如行为人在内容资源的提供、评价、分类等相关方面的研究。

总而言之，中英文文献在数字出版领域的研究重点有交叉也有不同，除了出版物以及版权保护方面的研究相类似外，其他方面的研究侧重点差异很大。中文文献侧重以产业为视角的全局研究，重点把握该产业的发展趋势，以及产业链的拓展规模；英文文献侧重以技术为依托的局部研究，重点关注该产业的技术障碍，以及用户的体验评价。

（二）研究领域特征

1. 数字内容资源之出版技术研究

在出版技术方面，学术界常以数字期刊、数字图书馆为研究对象，开展对出版技术相关问题的探讨。以数字技术为核心的研究逐渐从传统出版过渡到数字化出版、优先出版、智慧出版、动态语义出版等，体现了数字出版不断融合和重构的发展过程。徐铭瞳通过分析学术期刊优先出版的现状和意义，发现优先出版可以在一定程度上提高作者的优先话语权，促进信息的有效传播；杨志辉（2019）对智慧出版的概念进行了界定，并分析了其现实背景及演化特征，发现智慧出版是数字出版的重要变革，更加能够体现出版的社会属性、文化属性和主观能动性；王莉莉和栾冠楠（2017）从基础架构、应用环境、出版模式、作用效果四个维度，将动态语义出版与一般数字出版相比较，结果发现动态语义出版模式在系统架构上具有一定的创新性，其动态性、语义性和互动性有利于进一步提升科研人员的知识发现与创新效率。

在出版技术的具体实践方面，Pu 等（2018）研究了在电子书格式转换中的工作流程优化技术，比较了 PDF-to-EPUB 格式转换工作流程的 EPUB 质量和生产效率，并通过仿真分析进行验证，发现优化后产品的数量和质量均得到了提高；Shieh 等（2015）为探索成功实施数字出版技术的关键成功因素，构建了基于分析网络过程方法的评估模型，并通过中国台湾的数字出版技术数据进行验证，发现分析网络过程的方法能够使政策制定者系统地识别和优先考虑数字出版技术的实施；Ren 等（2016）研究了基于 HTML5 技术的跨平台数字出版方案，发现 HTML5 技术的发展和新特性（如富媒体和离线缓存），使得跨平台移动应用的开发更加便捷；王志刚（2018）探讨了基于人工智能技术所形成的数字出版物具有的权利性质、权利归属及其具体保护路径，提出人工智能技术在数字出版作品中的版权确认逻辑问题。以上文献表明，工作流程优化技术、分析网络过程技术、HTLM5 技术、人工智能技术等新技术在出版技术的结构变革中发挥着重要作用。

2. 数字内容资源之版权保护研究

在版权保护方面,由于相关法律法规尚不完善,大众版权保护意识较弱,版权保护技术也不够成熟,因此,相关研究体现在对以上难题的突破上,对数字内容产品的研究,主要从技术手段和法律手段两方面开展。在技术手段方面,主要集中在专利技术的描述和应用上。于广州(2018)提出了一种基于水印的版权管理方案,通过在数字内容产品中加入水印,可以有效抵制盗版行为,保护内容版权;Bause 和 Ng(2012)提出了一种多通道嵌入式数据技术,该技术允许将数据(如水印)嵌入数字内容产品中,以提供更加复杂的编码和解码装置;Chia(2012)提出,通过分布式网络中运行的数字内容管理系统,内容发行者可以形成加密数字内容来保护版权;Wang(2013)提出,在数字内容和权利对象管理系统中,可以通过使用安全数据存储系统的不可复制数据存储磁盘来保护数字内容;Chang 等(2013)提出,用户设备可以通过划分安全模式和正常模式并执行设备认证来增强数字内容的保护等级。

在版权保护的法律手段方面,主要涉及对版权保护机制的讨论。熊励和陈朋(2014)从使用者方面考虑了版权管理问题,发现使用者侵权行为仅依靠技术手段难以杜绝,还应借助一定的法律手段;Park(2015)通过分析收益函数,发现货币激励是非法复制行为的主要原因,货币和心理效用对非法复制的态度和行为具有正向的影响作用,因此应依靠版权保护机制降低非法复制者的货币收益;Guo 和 Meng(2015)通过研究版权保护对消费者搜索成本的影响,发现更严格的版权保护机制可以诱使消费者产生较低的事后盈余预期,从而降低消费者搜索盗版产品的积极性;张旭梅等(2013)通过两阶段博弈分析,发现当仿冒水平较高时,政府可以通过实施严格的版权保护制度约束盗版行为。以上文献重点聚焦在数字出版的合法化研究、版权保护制度研究等方面。

3. 数字内容资源之盈利模式研究

在盈利模式方面,相关研究主要体现在对知识付费模式及内容资源定价等方面的探究,强调在构建完善的知识服务体系的基础上,研究知识带给个人或集体的巨大红利。在知识付费模式研究中,Chi(2014)探讨了出版行业的不同尝试,如优先出版、订阅模式选择、免费增值服务、文中广告植入、产品捆绑销售等不同商业模式,给出版行业的知识变现模式提供思路;Sivek 和 Currie(2014)在对知识服务出版商进行访谈时发现,出版技术、知识的专业化程度、公众意识和兴趣等都是知识付费模式推广中应该考虑的重要因素;Øiestad 和 Bugge(2014)通过对挪威三大出版社 Aschehoug、Cappelen Damm 和 Gyldendal 的定性案例研究,发现数字出版行业标准、联合分销系统、数字产品的功能和用户体验等均是图书出版业数字化商业模式转变中的巨大挑战;Peng(2016)采用

"结构—行为—绩效"范式对多个电子书出版案例进行研究,提出"内容+APP"和"内容+设备"应该是中国数字内容制作商和发行商的基本商业模式;Na 等根据现有情况将韩国的数字内容公司分为三类:免费组、费用组和混合组,通过采用 meta 分析方法确定更接近事实的生产函数,并运用 Tobit 回归分析,比较了各组间效率水平的差异,结果表明,免费组效率最高,费用组和混合组次之;华进和张一帆(2018)面对当下知识付费模式下的数字出版困局,提出要构建成熟稳定的知识服务体系,他们认为,只有建立了全面的知识连接点、知识服务渠道、知识监管机制等,才能形成内容资源行业稳定的商业模式。

在内容资源的定价研究方面,王洪艳和王志江(2005)通过分析数字产品的交易特点发现,数字产品的物理特性和经济特征决定了其不适合传统的定价方法,可以运用罗宾斯泰英的讨价还价模型对数字产品进行定价;周正柱和朱可超(2015)在研究内容资源价值评估时,提出可将内容资源视作一种无形资产,根据传统的成本法、市场法、收益法进行简单评估;曹蒙和袁小群(2014)分析了数字内容产品定价的影响因素,并从价格引导和价格歧视两个方面探讨了合理的定价策略;Yu 等(2011)通过恒定弹性需求函数构建了数字设备和数字内容的消费者需求模型,通过对均衡价格进行分析发现,内容产品差异化和产品可替代性水平能够影响数字设备价格,可以根据数字内容的利润率和需求弹性来增加或减少绑定的数字设备价格;Kannan 等(2008)曾在出版商的网站上进行了一项选择实验,开发了一个定价模型来分析数据进而提供定价建议,为加深实证的探索,他们又以美国国家社会科学出版社为平台,开创性地研究了电子出版物的在线产品定价问题,并通过实证数据对定价模型进行了验证;Reisman 和 Bertini(2018)通过分析知识变现的过程,提出数字内容产业的盈利模式应该以为客户创造价值为核心,强调用户参与性定价的机制模式,并提出数字内容产品定价应该从客户角度考虑授权、对话和声誉等因素。

4. 数字内容资源之产业链研究

在产业链研究方面,许多学者从不同视角对产业链的定价策略和协调模式进行了研究。首先,在供应链成员视角方面,Kort 等基于内容产品制造商—零售商模式,研究了制造商直销和委托零售商分销两种销售形式,发现制造商只有在获得较大收入时才会选择收益分享合同定价模式,而零售商对此模式表现为无条件青睐;Huang 等(2017)采用 Stackelberg 博弈分析了数字产品销售渠道中相关成员的利润,发现对于市场份额较高并且能够控制盗版率的零售商而言,可以通过设置较高的销售价格来提高利润;Linlan(2018)研究了制造商作为领导者的 Stackelberg 模型,以及制造商和零售商的垂直集成模型,通过对比分析发现,在 Stackelberg 模型中,制造商可以获取更多的利润,在垂直集成模型中，二者的联合利润高于 Stackelberg 模型；Luo 等（2018）研究了垄断和双寡头垄断环境中出版商的批发和代理定价模型，发现在以上环境中，如果收益分享比率足够高且书籍数字版本的税率足够低，代理模型下的销售价格小于批发定价模型，而在垄断环境下，代理模型下的零售价格可能高于批发定价模型。

在平台视角方面，付瑞雪（2009）曾对内容分发平台的价值创造和价值捕获作出详细分析，并就不同的内容付费方式对内容分发平台的商业模式进行探索，针对不同的内容产品提出了不同的定价模式；宋培义和王立秀（2012）探讨了数字媒体内容产品交易平台的双边市场结构、特征，以及定价的影响因素，在此基础上提出了数字媒体内容产品双边交易平台在用户聚集阶段和稳定发展阶段的定价策略；王骅琪等提出，网络内容产品的定价应考虑产品网络外部性的强弱，可根据版本划分差别定价等方式控制和对抗盗版产品，他们从消费者视角研究了内容产品定价的影响因素，提出平台定价应根据消费者偏好，实施动态定价策略；Li 和 Lin（2009）运用博弈论模型，研究了协同结构、内容质量和网络环境对数字内容定价方案和数字版权保护策略发展的影响。

在产业链背景视角方面，诸多学者从人才培养方面提出了对产业链长足发展的思考。Hsu（2014）通过德尔菲技术问卷调查了数字编辑所具备的各项能力，总结提出数字出版编辑在数字时代至关重要的能力；吴君和陈少华（2018）通过比较美、英、德三国高校的数字出版人才培养模式，发现人才的投入确实是出版行业改革的重要环节；Liu（2015）基于数字出版业的集聚和大学/研究机构在区域创新体系中的作用，即培训、研究、咨询/服务、创建公司和促进联系等，阐明了大学在国家数字出版基地发展中的四种作用，即构成要素、知识来源、人才支持和孵化器，提出产业集群对知识经济条件下的区域发展发挥着至关重要的作用。除此之外，Liu（2014）基于"云计算"的背景，从构建云出版综合服务平台、拓展产业组织边界、优化资源配置、构建基于"云计算"的数字出版标准等方面探讨了"云计算"环境下数字出版模式的创新方向；薛鑫（2018）基于"互联网+"的背景，提出数字出版只有从用户需求、内容制作、展现形式、人才培养等多方面努力，才能在互联网环境中赢得快速发展的机会；黄意武和游登贵（2018）基于"一带一路"倡议的背景，从国际产业对接能力、产业政策、技术应用、企业带动辐射水平等方面研究了我国数字出版产业面临的巨大挑战；李品和杨建林（2018）基于"大数据"的背景研究基于大数据思维的价值评估体系时，突破性地提出了一套较为完整和细致的学术成果评价指标体系。

以上研究分别从出版技术、版权保护、盈利模式、产业链四个方面探讨了数字内容资源的研究进展，研究方法主要涉及计量经济学、微观经济学理论、博弈论等,其中,对出版技术和版权保护的探讨侧重对内容资源重要构成因素的分析,对盈利模式和产业链的探讨侧重对内容资源定价机制的分析。但总体来看,现有文献对内容资源价值构成因素的梳理不够全面,价值评估和定价机制理论均处于探索阶段,尚不够规范。虽有实证模型及实践效果评价的相关研究,但针对互联网平台服务经济的新业态环境探索较少,更缺少信息技术对互联网大数据的挖掘,没有体现"互联网+服务"环境下的经济特性。本书在以上研究缺口之处进行探索,梳理出影响内容资源价值的重要因素,并运用数据挖掘、神经网络等技术获取了重要的数据资源,以期对价值评估技术进行实证支撑,从而探究网络平台服务经济环境下数字内容资源价值的评估方法。

四、数字内容资源机制评估指标体系构建

(一) 数字内容资源价值的影响因素

前人研究倾向于将内容资源定义为一种"无形资产",因此在对其进行价值评估时,往往不会忽略其成本属性。然而从内容资源的构成角度考虑,内容版权则是其主要组成部分,版权价值的界定是内容价值评估的核心工作。内容产品投放平台以后,市场反馈决定其经营收益,用户体验决定其收益的持续性和再增值性。因此,本书以"价值链理论"为主线,依次梳理了内容资源生产制作、版权确认、市场交易、平台服务的整个流程,确定了内容资源价值评估的影响因素,具体如图1-10所示。

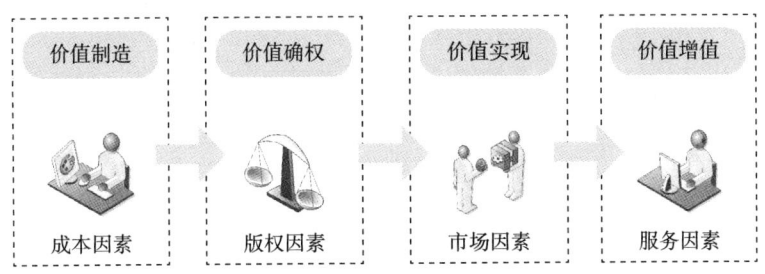

图1-10 数字平台内容资源价值的影响因素

1. 成本因素

内容资源的成本可分为固定成本和变动成本。其中，固定成本主要是指内容资源生产制作过程中的投入费用，包括硬件投入、软件投入、智力人员薪酬等。变动成本主要是指随产品数量增加而不断增加的成本，包括拷贝设备投入、拷贝人员薪酬等。

硬件投入可理解为一般可消耗性物品的投入。以文学作品创作为例，写作过程中使用的计算机设备、手写稿消耗的纸笔、参阅的图书、耗费的宽带网络资源等都属于硬件设备投入。在视频创作中的硬件投入类目更多，如录音录像设备、播映设备、道具、计算机设备及网络资源、存储设备、租用的场地费用等。

软件投入是指具有技术性特征资源的投入，一般能够大大提高工作效率。例如，数据处理软件、音视频处理软件、编程软件、数据库构建软件等都属于技术性特征资源。Palmer研究发现，在数字内容产品制作过程中，通常需要大量的手动步骤来实现导出、传输、转码、导入和重新链接媒体及其相关的元数据或上下文等操作，软件技术的使用，可以对以上烦琐步骤实现自动化处理，大大提高了工作效率和单位时间产出的内容价值。技术性资源的投入，不仅方便了内容提供者的工作，而且融合了互联网特性，也增强了数字内容使用者的可操作性。

智力人员薪酬一般包括原始内容资源生产制作过程中的技术人员、智力劳动者的薪酬，不包含内容资源在拷贝、传播过程中所涉及的人员薪酬。原始内容资源是指第一次制作的内容产品，如文章的终稿第一版、原始种子音视频等。内容资源的初次制作工作，通常需要耗费工作人员大量的脑力劳动，并且必须有一定知识储备或一定技术含量的人员才能胜任。不同于此，拷贝工作则是在原始资源的基础上大量机械复制，拷贝人员的薪酬因产品数量的增加而增加，因此，在内容资源拷贝、传播过程中工作人员的薪酬应归为变动成本。

变动成本是指所有随内容资源数量变动而变动的成本。除拷贝人员薪酬以外，它还包括资源复制、分发、再播映过程涉及的成本投入。例如，视频课程刻录的光盘、网络资源再复制和再储存的资源消耗等。实际上，内容资源的特殊性就在于其变动成本较固定成本微乎其微，边际成本几乎为零。但内容资源重要的价值来源恰恰是再利用过程，只有通过大量的重复阅读、重复播映等，内容资源才可能收回较高的固定成本投入，获取超额价值。

2. 版权因素

内容版权是内容资源的核心要素，版权价值反映了内容资源价值的大小。只有在版权价值确定以后才能讨论内容资源的价值，没有确认版权的内容资源可能沦为互联网资源中的公共福利。通过梳理相关文献，可将内容资源的版权因素归纳为原创性、专业性、时效性、丰富度、版权范围五个方面。

原创性是指内容产品是独立创作完成的，篡改、抄袭、剽窃他人创作而完成的作品均不属于原创作品。但随着网络IP开发模式的多元化，将经典文学作品改编成电影、电视剧等属于内容资源的再创作，也具有原创性。随着内容创作者对版权重视力度的不断加大，网络环境迫切呼吁维护内容原创。因此，原创性可作为衡量内容资源价值的重要版权因素之一。

专业性是指内容资源受到某一专业领域的认可，所传达的信息能够反映该专业领域的观点及专业化水平。比如，网络上的电子书种类繁多，小说类则属于一般性读物，经济管理类则属于专业性读物，因为经管类电子书内容多数阐述的是经济管理理论，专业术语较多，非专业人员阅读起来可能晦涩难懂。技术类电子书专业性更强，受众更小，但只要能够给读者带来专业性帮助和指导，便体现了该电子书的专业性价值。经调查研究发现，确实存在专业性较高的电子书价格高于大众图书价格的现象。

时效性则强调内容资源的推出时间、更新时间以及更新频率等。在信息爆炸的大数据时代，谁掌握了信息的时效性谁就拥有了主动权。微信推文的发布时间、电视电影的定档时间、文学创作的连载频率、游戏版本的更新频率等，都是在利用时效性抢占人们碎片化的时间。内容资源实现价值的前提是获取关注，而时效性使获取关注成为可能。因此，在数字互联网平台下，时效性是影响内容资源价值的又一重要版权因素。

丰富度是指内容资源的完整性、清晰度、知识保有量等。随着信息技术的不断发展，人们对数字内容资源的要求越来越高，画面质量一度从标清提升为高清再被提升为超清。视频内容讲究故事完整、条理清晰、富含哲理和文化底蕴。文学作品注重艺术情操，字斟句酌均需匠心打磨。丰富度是版权确认的重要指标之一。赵峰等曾通过层次分析法构建了电子文件价值评估指标体系，量化验证了完整性等丰富度指标的重要影响。

版权范围包括内容资源的素材、播映、新媒体开发、衍生品开发等版权项，属于确认版权价值的必备法律因素。比如，一部原创电影制作完成，该电影的创作者不仅拥有电影中歌曲、配乐、配舞、视频片段、服饰等所有素材的版权，还拥有播映、重播、改编、开发电影相关衍生品等版权。现实中，小猪佩奇就是一个典型案例，凭借动画片的大热，"eOne"公司2016年在全球仅通过授权IP协议就获得了11亿美元的销售收入。Roberto和Gil的研究表明，对版权的整个价值链范围进行界定，更有利于加强对版权内容及其衍生品的管理。因此，版权范围是影响内容资源价值的重要版权因素。

3. 市场因素

数字内容产品制作完成以后，势必要投放于市场进行交易。一旦进入市场，就会像其他产品一样存在替代品的竞争和威胁。但不同的内容资源可能互为补充品，也可能互为替代品，如何历经大浪淘沙而依然保持其独特价值，需要从市场因素方面来把握。这里，市场因素可分为流行性、垄断性、稳定性和网络外部性四个方面。

流行性是指数字内容资源包含了当前最新技术、思路和方法，或者迎合了热门话题。前几年的综艺节目中，相亲交友栏目收视率火爆，反映了当时我国大龄男女的焦虑，迎合了人们交友的意愿；近几年的综艺节目中，文化类栏目不断推陈出新，受到人们的广泛关注，如《上新了·故宫》《中国诗词大会》等，正好响应了国家弘扬传统文化的号召。流行性是内容资源能够广泛传播的先决条件。Rao 在研究在线视频内容定价时发现，当用户高度重视内容的流行性时，内容提供商具有较高的议价能力。因此，流行性属于一种重要的市场因素。

垄断性是指内容资源在市场上的替代品较少，内容提供商数量唯一。由于内容资源同时具有版权特性，这就保障了内容产品的垄断性。与原创性不同，这里的垄断性更多的是从平台的角度考虑，如中国知网（CNKI）平台通过从各个出版社购买文献资源版权，构建文献数据库，以知识付费的形式供用户下载使用，此时，中国知网（CNKI）既是一个平台中介，也是内容提供商，其独家内容资源便具有垄断性。实际上，我国的数字内容产品交易市场发展还不够成熟，因此加强对内容平台的管理，对完善数字内容资源的产业价值链具有重要意义。

稳定性是指内容资源本身形态、性能稳定，在被使用过程中也能提供稳定的使用价值。比如，网络平台上提供的音乐或者视频资源，可以满足使用者随时随地下载或在线播放的需要，下载后的内容也能保证稳定的播放效果，不会因时间、网络或播放设备的改变而影响数字内容资源的使用体验，这就体现了其稳定性的特点。稳定性是提升顾客黏性的重要因素。Jonathan 等在对数字音乐发行服务进行调查时发现，网络覆盖范围等稳定性因素是影响消费者付费意愿的重要产品属性，可作为衡量数字内容资源价值的重要参考因素。

网络外部性是指随着数字内容资源消费数量的增加，其总价值或经济收益也不断增加。由于多数数字内容资源具有可复制性、易传播性等特点，其在市场中频繁流转、共享，使外部性效益也不断增加。但是，出于保护内容产品版权，或者提高内容资源转移成本的考虑，一些电子出版物常有消费锁定的做法，比如，亚马逊电子书配有 Kindle 阅读器、京东电子书配有京东阅读 APP，这样的消费锁定能在一定程度上提高电子书的定价空间。因此，不同类型的内容资源其网络外部性特征可能不同，网络外部性是衡量数字内容资源价值不可忽视的因素。

4. 服务因素

数字内容资源经过版权确认以后，通过在市场上交易确定价值，而用户体验决定了数字内容资源能否持续交易，能否获得源源不断的价值增值。对于数字内容资源而言，数字平台扮演了非常重要的角色，它们之间是鱼和水的关系。优质的数字内容资源能够提高平台的知名度，优质的平台同样可以保障内容资源的质量，反之亦反。因此，有必要将平台的用户体验作为影响内容资源价值的因素进行考虑。这里将用户体验归结为服务因素，可从交互性、便捷性、安全性、易获得性、易操作性五个方面总结。

交互性是指平台与用户之间的交互渠道多样，便于双方之间的沟通反馈。例如：知乎平台有专门的问答模式，平台可以对优质回答给予推广和点赞；京东电子书平台有专门的客服为用户跟踪服务；大多数内容资源公众平台可以在公众号后台留言；等等。这些都是良好的交互模式，对提高用户体验具有重要作用。

便捷性是指平台对用户的需求响应速度较快。它主要体现在某些技术支持的响应速度上，比如，特定内容资源的订阅、平台维护、售后服务等方面具有较高效率。有研究表明，平台的访问速度是影响平台性能价值的重要因素。由于互联网连接速度可变，内容提供商可以为相同的内容资源提供不同的便捷性服务，比如，128 kbps 就要比 56 kbps 收费更高。

安全性是指平台对用户信息安全的保障。在大数据时代，信息泄露时有发生，人们越发重视信息的安全问题。除了个人基本信息、账户信息以外，数字内容平台的访问记录、购买记录、评价记录等信息也是需要保障的对象。Kumar 和 Sethi 的研究表明，内容资源网络付费模式实际上是一种占优的可持续发展模式。但如何保障用户付费安全、信息安全是内容资源平台发展到任何阶段都不容忽视的问题。

易获得性是指用户在搜寻数字内容资源时容易获得。它主要体现为平台内容资源丰富，可以满足用户多元化的需求，比如，在同一个视频播放器上可以满足音乐、电影、电视剧、综艺等多种需求，不会因为搜寻不到而转去另一个平台。Kim 等研究发现，平台的易获得性可以提高用户的使用密集度，从而提高平台的价值。

易操作性是指平台的购买、下载、播映等操作流程简便，能给用户提供良好的引导。易操作性是直接影响用户体验的价值指标，在智能设备广泛应用的今天，简洁高效是不断追求的工作原则。用户对平台的易操作性较为敏感。唐兆琦研究发现，用户的敏感度直接影响其对内容资源的价值评估。

（二）内容资源价值评估指标体系的构建

通过以上分析，本书将内容资源价值评估的影响因素作为具体指标，构建了内容资源价值评估的指标体系，其中，一级指标4个、二级指标18个，具体如表1-5所示。

表1-5　内容资源价值评估指标体系

一级指标	二级指标	指标示意
生产成本	硬件成本	计算机、网络技术等硬件设备成本
	软件成本	数据库等软件资源的构建成本
	智力成本	智力、技术人员薪酬
	变动成本	随产品数量而变动的生产制作成本
版权价值	原创性	内容或技术等史无前例的革新
	专业性	在相关领域的专业化程度或权威性
	时效性	内容资源的推出时间、更新频率等
	丰富度	内容资源的完整性、清晰度、知识保有量等
	版权范围	素材、播映、新媒体开发、衍生品开发等版权项
市场价值	流行性	包含最新的技术或迎合热点主题
	垄断性	供需双方是否数量唯一
	稳定性	内容资源本身及使用过程中的稳定性
	网络外部性	可复制性、易传播性等
服务价值	交互性	平台的问答与反馈模式
	便捷性	服务的快捷与高效、技术支持响应的速度
	安全性	交易过程或后续的信息安全保障
	易获得性	基于平台视角的搜寻便利性
	易操作性	购买、下载、播映等过程操作简便

学界关于内容资源价值评估方法的研究较少，类似研究是将内容资源作为一种无形资产，根据传统的成本法、市场法、收益法进行简单评估，或者重点

从版权角度考虑，用版权价值替代内容资源价值，或者仅从用户角度考虑，基于顾客认知和顾客评价总结价值评估指标。比较新颖的是基于评估内容与现有出版物的相关性，使用语义 Web 技术自动评估内容资源价值，但此类研究一般缺乏理论支撑，没有构建完整合理的指标体系。李品和杨建林在研究基于大数据思维的价值评估体系时，突破性地提出了一套较为完整和细致的学术成果评价指标体系，但遗憾的是未能获取相关数据进行实证研究。本书在已构建的数字内容资源价值评估指标体系的基础上，尽可能采集京东电子书数据，开展探索性实证研究，以验证该指标体系的合理性和有效性。

（三）以京东电子书为例的实证研究

Step 1：数据获取与数据处理。

京东电子书平台是国内比较典型的内容资源交易平台，拥有丰富的电子书交易数据。首先，本书选取京东电子书经济管理类图书，借助八爪鱼数据挖掘软件，按照综合排序依次进行数据爬取，共获得8698条电子书数据。每条数据包含的项目名称分别为：书名、作者、出版社、出版时间、电子书价格（单位：元）、电子书评价数、纸书定价（单位：元）、正文语种、出版版次、文件大小（单位：M）、ISBN号、字数、文件格式、纸书售价（单位：元）、纸书折扣（单位：%）、纸书评价数、商品编码、品牌、包装、开本、用纸。

其次，本书对获取的数据进行数据清洗，包括删除、替换数据单元格中的文字，将所有数据项实行数值化格式，将纸书价格、电子书价格、字数为空的数据项删除，其他条目项空格填充为0，最终获得可用数据5578条。具体数据爬取情况如表1-6所示。

表1-6　京东电子书数据爬取情况

数据类别	数据总条数	有效数据条数	收集时间	采用软件
经济管理类电子书	8698	5578	2018年12月23日	八爪鱼

Step 2：指标选取。

在以上数据项中，本书将不能量化的条目项删除，将可量化的条目用以实证分析，最终选取电子书价格为因变量，已出版天数、电子书评价数、正文语种、出版版次、文件大小、字数、文件格式、纸书售价、折扣、纸书评价数十个指标为自变量。

其中，本书以平台交易的电子书价格代表电子书价值。纸书售价和折扣反映了电子书的生产成本。纸书售价是经过市场认可的反映内容资源价值的指标，将其整合成数字资源放在平台交易后，纸书价格应该能以某种函数关系反映电子书的生产成本；已出版天数是电子书出版日期距离 2019 年 1 月 1 日的出版天数，可用于衡量电子书的新鲜度，反映了电子书的时效性特征；正文语种分别为中文、英文、中英对照，数据化处理为 1、2、3，反映了电子书的专业性特征；文件大小和字数反映了电子书的丰富度特征；纸书评价数可代表纸书的销量，销量的多少以及出版版次的多少反映了电子书的流行性特征。由于京东电子书平台消费者可自行评价或默认好评，评价内容在一定程度上反映了消费者对平台的反馈，因此，电子书评价数可反映电子书内容的服务价值特征，不同的文件格式反映了服务的多样性，符合电子书的易操作性特征。文件格式分别为加密 EPUB、加密 PDF，数据化处理为 1、2。以上选取的指标均可以量化处理，并且正好对应部分数字内容资源价值的二级评估指标。由于二级指标对应不全面，这里以一级指标作为对照。通过数据分析，可以验证以上指标与数字内容资源的相关关系。具体指标对照如图 1-11 所示。

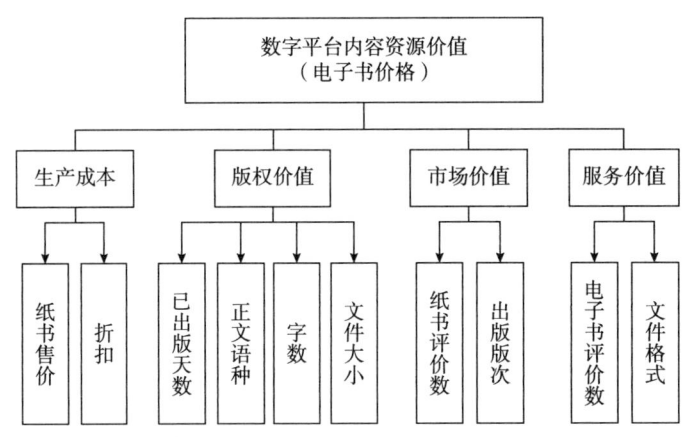

图 1-11　电子书数据与内容资源价值评估指标对照

Step 3：实证分析。

由于未获取该指标体系全部的二级指标数据，因此，这里对评估方法不做精细探究，仅根据已有数据做相关性实证分析，验证以上电子书数据对应的相关指标是否具有合理性，并探索价值评估方法的研究方向。本书分别采用多元线性回归模型和 BP 神经网络模型，对已有数据进行训练，从线性分析和非线性分析两个方面论证该指标体系的有效性。

1. 多元线性回归模型

首先,借助 Stata14.0 数据处理软件,本书对以上选取指标进行了多元线性回归分析,采用逐步回归后退法,依照判断变量进入回归模型的原则,经过多次验证,最终回归模型为:

$$Y = -0.001 \times YCBTS - 0.002 \times DZSPJS - 2.482 \times ZWYZ - 0.027 \times WJDX + 0.691 \times ZSSJ - 0.097 \times ZK + 0.001 \times ZSPJS + 6.648 \quad (1-1)$$

式 (1-1) 中,Y 为电子书价格,$YCBTS$ 为已出版天数,$DZSPJS$ 为电子书评价数,$ZWYZ$ 为正文语种,$WJDX$ 为文件大小,$ZSSJ$ 为纸书售价,ZK 为折扣,$ZSPJS$ 为纸书评价数,常量 C 取值为 6.648。其他变量在模型优化中被排除。模型检验的相关数据如表 1-7 所示。

表 1-7 多元回归模型相关检验数据

变量	估计系数	标准误差	T统计值	p值
YCBTS	-0.001	0.000	-11.71	0.000
DZSPJS	-0.002	0.000	-3.09	0.002
ZWYZ	-2.482	1.180	-2.10	0.035
WJDX	-0.027	0.007	-3.70	0.000
ZSSJ	0.691	0.008	84.19	0.000
ZK	-0.097	0.015	-6.51	0.000
ZSPJS	0.001	7.70e-06	4.67	0.000
C	6.648	1.595	4.17	0.000

其次,本书根据最优回归模型预测电子书价格,导出了电子书价格拟合预测值,并借助 Python 软件绘制出了线性回归模型的拟合效果图,具体如图 1-12 所示。

由表 1-7 可知,在 5% 的置信水平下,t 检验对应的 p 值均小于其显著性水平,说明通过 t 检验。$R^2 = 0.613$,说明模型拟合程度良好。根据图 1-12 可以更为直观地看到,多元线性回归模型能够基本拟合电子书价格,但个别预测值偏差较大,甚至出现负数的情况。总而言之,该回归结果表明,已出版天数、纸书评价数、电子书评价数、正文语种、文件大小、纸书售价、折扣等指标均与电子书价格存在显著相关关系,即时效性、流行性、服务价值、专业性、丰

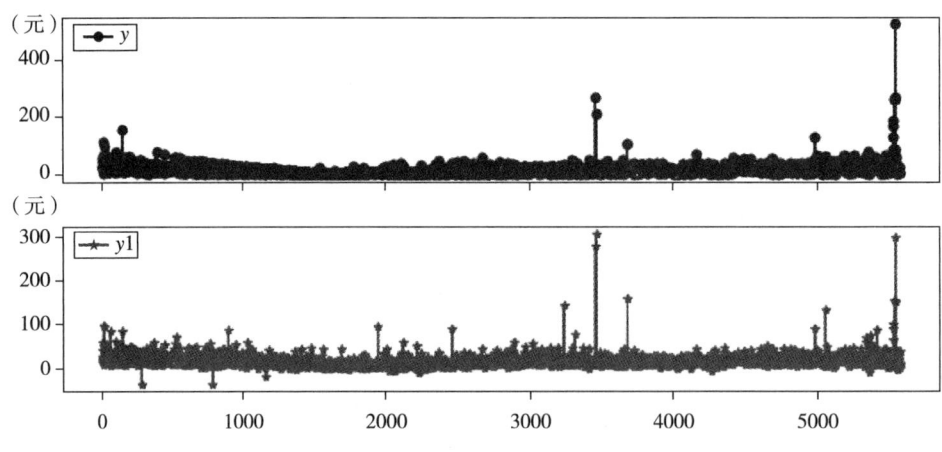

图 1-12 多元线性回归拟合效果

注：图中 y 为电子书价格，$y1$ 为多元线性回归模型中电子书价格的预测值。

富度、生产成本均是影响数字内容资源价值评估的重要指标。由图 1-11 中这些指标所对应的一级指标可知，该数字内容价值评估的指标体系具有一定的合理性。

2. BP 神经网络模型

BP 神经网络是一种误差反向传播的多层前馈型神经网络，对于求解内部机制复杂的非线性问题具有很大优势。它通常具有输入层、隐含层和输出层三层网络结构，通过各层之间的连接函数、连接方式和连接权值阈值进行信息处理。本书选取 BP 神经网络模型训练电子书数据，借助其大数据处理的功能优势，相较于一般非线性模型更具有说服力。

本书采用的神经网络模型拓扑结构如图 1-13 所示。其中，输入层有 10 个节点，为 10 个自变量指标；输出层有 1 个节点，为 1 个因变量指标；隐含层又分为三层结构，节点个数分别为 256、128、64。此模型采用的激活函数为 Relu 函数，它能够大幅提高预测数据的准确度。

本书选取有效数据中前 5000 条为训练数据，后 578 条为预测数据，进行了 BP 神经网络模型训练，并导出了预测数据结果，绘制出了预测结果图，具体如图 1-14 所示。

由图 1-14 可直观看到，BP 神经网络模型的拟合效果较好，电子书价格预测值的基本趋势与真实值较为一致，奇异值个数较少，预测偏差在可容许的范围内。这说明以上选取的 10 个自变量能够较好地解释电子书价格，即时

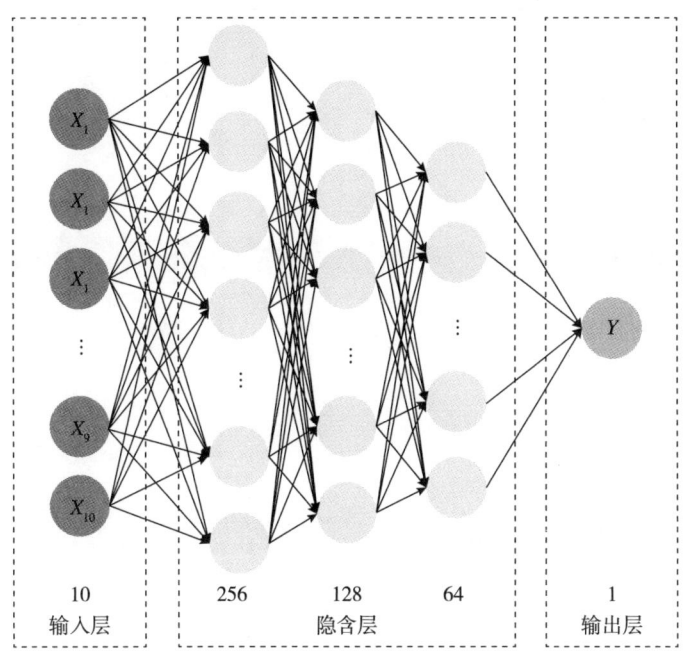

图 1-13　BP 神经网络模型拓扑结构

效性、流行性、服务价值、专业性、丰富度、生产成本均是影响数字内容资源价值评估的重要指标。将这些指标对应图 1-11 中的一级指标，同样可以验证该数字内容价值评估指标体系具有一定的合理性。

3. 两种模型的比较分析

本书将电子书价格真实值、多元线性回归拟合值、BP 神经网络预测值导出之后进行了整理，并借助 Python 软件绘制出了三者的对比效果图，具体如图 1-15 所示。

观察图 1-15 可以发现，三者大致趋势基本一致，说明两种模型均能验证电子书相关指标与电子书价格的相关性，但 BP 神经网络模型的拟合效果与真实值更为吻合，多元线性回归的拟合效果则显得较为粗糙，波动性较大。由此说明，非线性模型对数字内容资源价值评估方法的适用性更高，为未来探索精细化的评估模型和方法提供了思路和方向。

在该实证分析中，由于平台的限制，可获取的客观数据较少，不能与指标体系一一对应，但以上实证分析结果，已部分验证了该指标体系的合理性和有效性。若能通过其他平台或其他途径获取足够的实证数据，可以对该指标体系进行更加全面的验证。

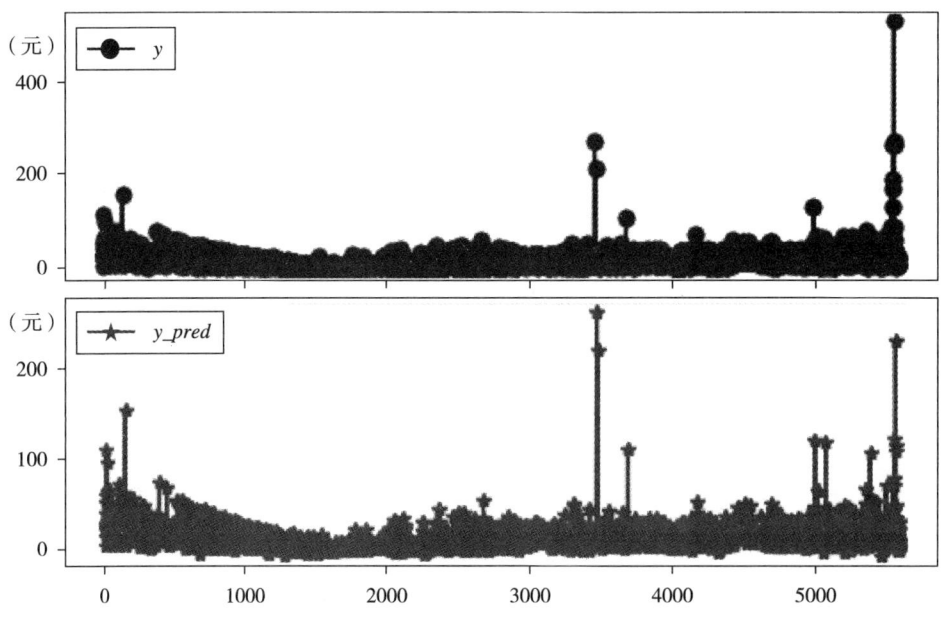

图 1-14　BP 神经网络模型预测结果对比图

注：图中 y 为电子书价格，y-pred 为 BP 神经网络模型中电子书价格的预测值。

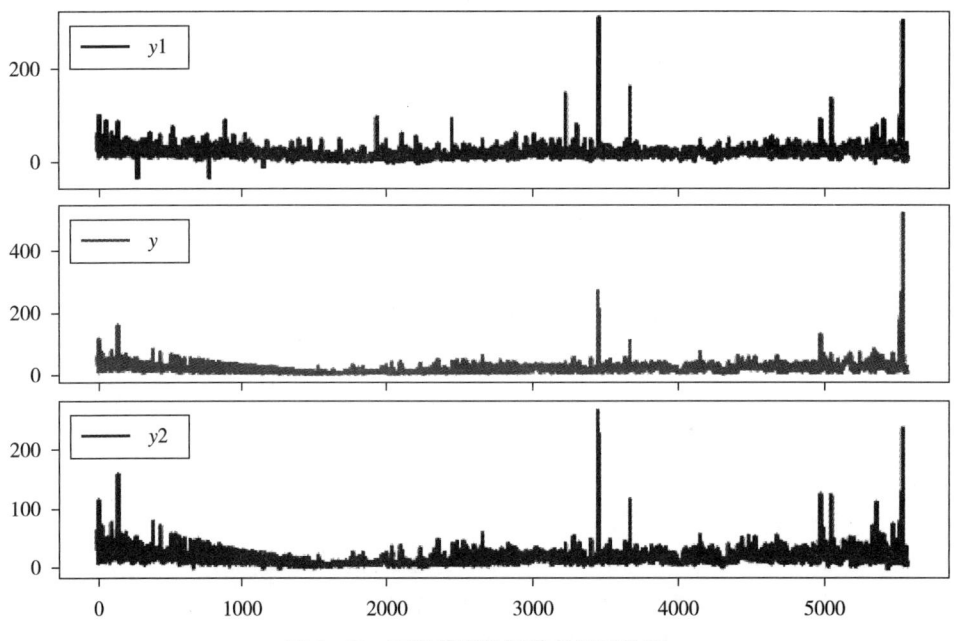

图 1-15　两种模型的评估效果对比图

注：图中 y 为电子书价格，y1 为多元线性回归模型拟合值，y2 为 BP 神经网络模型预测值。

五、小结

　　本书通过对数字内容产业的现实发展状况进行分析，掌握了数字内容产业的基本特征及发展方向，并通过多方面的理论研究分析，了解了数字内容产业在学术界的研究概况，全面把握了数字内容资源理论研究领域的核心热点，对开展内容资源价值评估技术研究提供了理论基础和重要支撑。在此基础上，本书梳理了数字内容资源价值评估的影响因素，深刻把握了各个影响因素的内涵，进而以"价值链理论"为主线，构建了以生产成本、版权价值、市场价值和服务价值为基础的数字内容资源价值评估指标体系，并通过对京东电子书数据的实证分析，验证了该指标体系的有效性和合理性。在多元线性回归方法和BP神经网络方法的对比下，本书发现非线性的评估方法更加适用于数字内容资源价值评估。

　　数字内容资源价值评估体系的建立，为开展数字内容资源价值评估提供了合理的理论框架，对合理评估数字内容资源价值、规范数字内容产品交易、促进内容平台有序发展具有重要意义。随着大数据技术的成熟和数字内容交易平台的不断发展，数字内容资源价值评估指标体系也会在足够的数据支撑下得到不断检验和完善。基于该指标体系的内容资源价值评估方法和定价方法，将是下一步研究的重点。

第二章 网络平台服务经济环境下数据资源的价值评估

在云计算、物联网、人工智能和虚拟现实等新技术的推动下,文字、方位和沟通等万事万物都在由现象转变为可制表分析的量化形式,更广泛的内容通过"数据化"实现了计量和记录,全球进入了数据爆炸时代。数据作为一种资源为各界所接受,它不仅发挥着记录、留档的作用,而且多源头、跨领域的数据关联分析形成了更完整的知识和更深刻的智能,数据对未来的预测功能大大增强。一方面,数据资产通过"内消"服务于企业日常经营决策和业务流程,发挥创造收益、降低成本的作用;另一方面,它通过"出口"进行市场交易成为"现金牛产品",应用于其他业务场景创造"1+1+1>3"的价值贡献。数据资源作为可交易的商品,开放流通数据资源日益成为普遍认知和客观需求,在"互联网+"的潮流下,网络平台成为了数据资源交易的重要渠道与媒介,Factual、BDEX、Data Plaza、贵阳大数据交易所等数据交易平台相继出现。然而,数据交易平台的爆发式增长之下,交易市场和价值发挥并未达到预期的活跃程度,数据交易平台发展遭遇了现实困境,网络平台服务经济环境下的数据资源价值尚未得到全面、系统的评估。这与网络交易平台的虚拟性和数据资源的非实物形态性使得其需求者无法获得类似于有形商品的直接体验,只能依赖于网络交易平台对挂牌待售数据资源的商品描述、局部示例等有关,还与数据资源作为一种非标准化的新兴事物,可用于参考的市场积累交易有限,其价值对数据供给侧和需求侧具有双向不确定性有关。这种双向不确定性不仅影响了数据供给侧的等价数据变现,增加了其避险心理和规避行为,而且使数据需求侧处于被动地位,降低了数据购买的积极性和活跃性,还导致数据网络交易平台供需错配,降低了数据交易达成率和数据价值盘活率。因此,在工业经济时代迈入数字经济时代的大背景下,实现数据资源价值的精准评估,已成为充分挖掘数据资源价值、促成数据资产交易流通亟待解决的重要问题,已成为实现海量数据资源跨域汇聚融合的重要问题。

数据资源价值评估是指"依据科学评价的基本原理,采用合适的定性和定量分析方法,构建合理的评价指标和完善的指标体系,对复杂异质化的数据资源进行选择、评价、估值,以确定其价值和价格"。鉴于此,本书以网络平台服务经济环境下的数据资源价值评估为主要问题,首先,从现实发展情况出发,梳理大数据产业的发展规模、回顾相关支持性政策、汇总典型平台交易现状,深刻把握大数据产业概况和数据交易的发展现状。其次,通过文献计量、社会网络分析等方法了解数据资源价值评估的研究现状,为后期构建数据资源价值评估体系奠定理论基础。最后,基于价值链理论识别数据资源价值,明确价值评估维度与具体指标,构建数据资源价值评估指标体系,结合智能评估理论与方法,精准化评估数据资源价值,以期形成一套网络平台服务经济环境下的数据资源价值评估理论,释放数据资源交易活力。本章内容主要包括三部分:一是数据资源交易的产业发展现状;二是交易情境下的数据资源理论研究概况;三是基于价值链理论和顾客购买视角的数据资源价值评估指标体系。

一、数据资源交易的产业发展现状

(一) 大数据产业规模分析

"大数据"一词最早于1980年出现在未来学家阿尔文·托夫勒所著的《第三次浪潮》中,书中将"大数据"称为"第三次浪潮的华彩乐章"。经历一段时间的消沉后,随着互联网、云计算等计算机技术的发展,大数据的价值日益凸显,2008年《自然》杂志推出的"大数据"封面专栏使大数据重回全球视野。数据资源化已成为大数据产业的一种趋势,即数据作为一种资源已成为企业和社会各界关注的重要战略资源。大数据产业是指以数据生产、采集、存储、加工、分析、服务为主的相关经济活动,包括数据资源假设,大数据软硬件产品的开发、销售和租赁活动,以及相关信息技术服务。根据中国信通院发布的《大数据白皮书(2018年)》的相关数据,可以了解大数据产业的整体规模,具体如图2-1所示。

由图2-1可知,近年来我国大数据产业的市场产值不断增加,根据产值拟合的二次曲线可知,判定系数 $R^2 = 0.9999$,拟合效果极度吻合,说明大数据产业将持续保持较快增长,预计2020年我国大数据产业规模将达到10100亿元,成为推动我国数字经济不断发展的强劲动力。

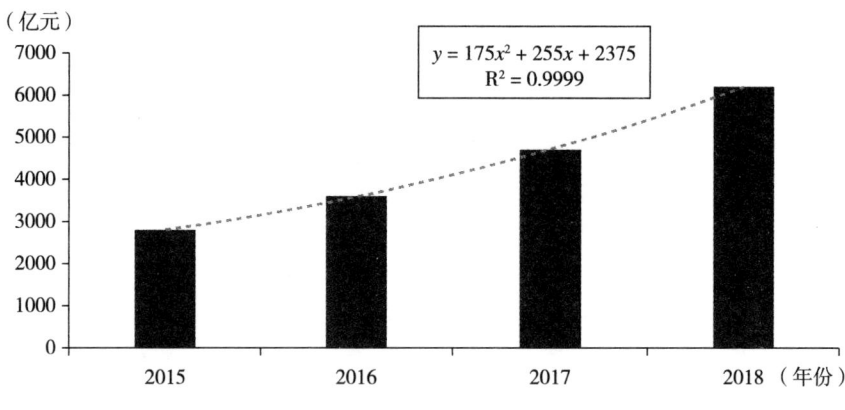

图 2-1 我国大数据产业市场产值

(二) 大数据政策回顾

2013年是全球"大数据元年",数据资源不仅在经济发展、人民生活等方面受到广泛关注,并且在政策层面备受关注。全球大数据方面的宏观政策和战略回顾如表2-1所示。

表2-1 全球代表性大数据政策与战略回顾

年份	国家/机构	标志性行动	观点/意义
2008	美国计算社区联盟	《大数据计算:在商务、科学和社会领域创建革命性突破》	大数据核心作用:大数据真正重要的是寻找新用途和散发新见解,而非数据本身
2009	美国政府	开放数据平台Data.gov	增加政府资料透明度
2009	中国国家工信部	《物联网十二五规划》	信息处理技术作为四项关键技术创新工程之一,其中包含数据挖掘、图像视频分析和海量数据存储等大数据的重要组成部分
2011	法国	启动 "Open Data Proxima Mobile" 项目	重视公共数据价值
2011	法国	公开信息线上共享平台data.gouv.fr上线	公共数据共享

续表

年份	国家/机构	标志性行动	观点/意义
2011	韩国	"智慧首尔2015"计划	利用大数据解决市民小烦恼
2012	达沃斯世界经济论坛	《大数据，大影响》	数据已经逐渐成为一种资产，是一种新的经济资产类别
2012	英国	首个开放式数据研究所ODI	首个开放数据市场出现
2012	日本IT战略本部	电子政务开放数据战略草案	政府数据公开的关键一步
2012	美国白宫科技政策办公室	发布《大数据研究和发展计划》，成立"大数据高级指导中心"	美国政府政策层面将"大数据"上升为国家意志
2013	美国信息技术与创新基金会	《支持数据驱动型创新的技术与政策》	数据驱动创新
2013	法国	《数字化路线图》	大数据成为未来大力支持的战略性高新技术
2013	日本	新IT战略	创建最尖端IT国家宣言
2013	韩国	开放大数据中心	面向中小型企业、风险企业、大学和普通公民，用户可以利用大数据技术解决业务或研究方面的问题
2013	澳大利亚	公共服务大数据战略	利用大数据提升政府的治理水平
2014	美国	《大数据：把握机遇，守护价值》	美国大数据应用与管理现状、政策框架、改进建议

由表2-1可以看出，大数据已经广泛引起全球各国的关注，世界各国大多将发展大数据上升到了国家政策层面。新的时代背景下，我国及时洞察科技发展前沿，把握机遇，积极发展大数据产业。2014年，"大数据"首次在我国《政府工作报告》中出现，"大数据"概念成为国内热点话题。为促进大数据产业的发展，我国从中央到地方陆续出台了一系列政策推动大数据产业发展。截至2018年底，中共中央和国务院共计出台了20多个关于大数据的政策，各部委出台了30多个与大数据相关的政策，各省（市、区）出台了上百个与大数据相关的政策和规划，体现了从中央到地方对大数据发展的高度重视。本书对国内政策的回顾，具体如表2-2所示。

表 2-2 国内代表性大数据产业政策回顾

时间	政策	发布机构
2015 年 8 月	《促进大数据发展行动纲要》	国务院
2015 年 12 月	《关于推进农业农村大数据发展的实施意见》	农业部
2016 年 1 月	《关于组织实施促进大数据发展重大工程的通知》	国家发展改革委
2016 年 3 月	《生态环境大数据建设总体方案》	环保部
2016 年 7 月	《关于加快中国林业大数据发展的指导意见》	国家林业局
2016 年 9 月	《政务信息资源共享管理暂行办法》	国务院
2016 年 12 月	《大数据产业发展规划（2016~2020 年）》	工业和信息化部
2017 年 5 月	《政务信息系统整合共享实施方案》	国务院
2018 年 3 月	《科学数据管理办法》	国务院
2018 年 5 月	《工业互联网发展行动计划（2018~2020 年）》	工业和信息化部

（三）数据交易平台现状

自 2015 年国内"大数据元年"伊始，国内大数据交易平台如雨后春笋般出现，目前有近 30 家数据资源交易平台处于运营阶段。在网站调研和文献调研的基础上，本书对其中的典型平台及其性质、产品类型、服务对象、交易服务和衍生服务等进行了梳理，具体如表 2-3 所示。

表 2-3 我国主要数据交易平台交易现状梳理

典型平台	性质	产品类型	服务对象	交易服务	衍生服务
贵阳大数据交易所	政府支持	API 数据包 数据应用 数据终端	审核企业	账户充值形式 （通联支付）	无
华东江苏大数据交易平台	省级国有大数据资产交易与流通平台	API 数据包 算法	认证个人 认证企业	推荐数据 试用套餐 提供发票 支付宝/积分支付	数据定制

续表

典型平台	性质	产品类型	服务对象	交易服务	衍生服务
优易数据	国家信息中心发起的混合所有制公司	API 块数据 数据应用	不限制	推荐数据 申请试用 提供发票（>100元） 支付宝/微信支付	数据定制 人工智能 营销方案
京东万象	京东云旗下	API 块数据 数据报告 数据应用	认证个人 认证企业	经常一起购买的数据 免费试用 提供发票 企业对公结算	解决方案 人工智能 云产品 智能城市
数据星河	九次方大数据信息集团有限公司	API 模型算法	认证个人 认证企业	提供发票 账户充值支付	众包服务 双创服务
阿里云数据市场	阿里巴巴集团旗下	API	认证个人 认证企业	相关推荐 1分钱试用专区 提供发票 账户充值形式 （支付宝/网银充值/线下汇款） 会员消费积分	基础软件 服务 安全 企业应用 建站 解决方案 IoT
大海洋数据服务平台	安徽数洋科技有限公司	块数据	不限制	支付宝/对公汇款 消费升级会员等级 （折扣）	数据定制
聚合数据	天聚地合（苏州）数据股份有限公司旗下	API 数据包	认证个人 认证企业	相关推荐 提供发票 账户充值形式 （支付宝/对公汇款） 会员制度（付费）	解决方案 聚合工具 基站定位
iDataAPI数据市场	广州简亦迅信息科技有限公司	API 数据包	认证个人 认证企业	经常一起购买的数据 提供发票 账户充值形式 （支付宝/微信/银行卡） 充值升级会员等级	按需定制 数据方案 人工智能

由表 2-3 可以看出：我国数据资源交易平台的企业性质主要包括政府支持和私企两种，主要的产品类型分为 API 和数据包两种；大部分数据资源交易平台支持与企业和个人用户间的交易，为加强数据保护，服务对象需要企业资质的认证和个人实名制认证；各大数据资源交易平台提供的交易服务功能包括推荐功能、试用功能、支付功能等；大部分数据资源交易平台围绕数据交易衍生出了按需进行数据定制、数据采集工具、解决方案等服务，产业链条日趋完备。

二、数据资源理论研究概况

（一）数据资源交易理论研究现状

本书以"数据交易"方面的 540 篇英文文献和 356 篇中文文献为样本，采用文献统计分析、SNA 分析、知识图谱分析、可视化分析和人工判读等方法了解该领域研究概况，该领域发文特征及趋势、研究力量分布、高发文量期刊、研究主题等多个方面的国内外研究概况具体如下：

1. 发文特征及趋势分析

年度发文量能在一定程度上反映某学科研究的理论水平和发展速度，因此，本书选取了文献库中 2019 年 1 月 1 日之前发表的文献并对其进行了分析，其年度发文量和整体变化趋势如图 2-2 所示。

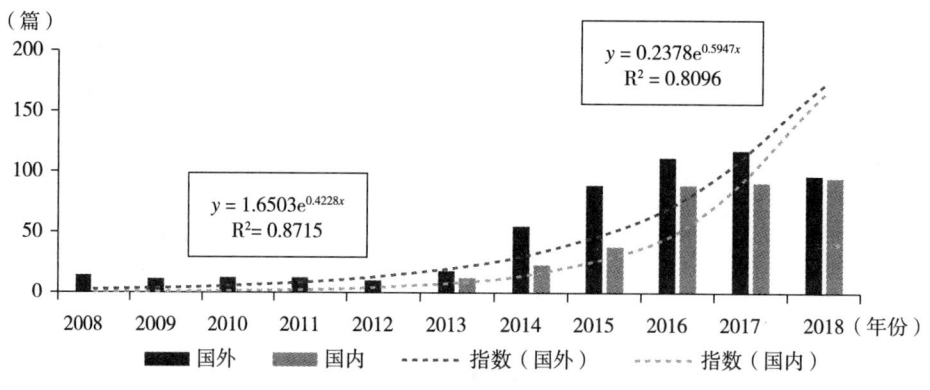

图 2-2　大数据交易研究年度发文量分布

第二章 网络平台服务经济环境下数据资源的价值评估

由图 2-2 可以看出，大数据交易领域研究呈现出 L 形增长的发文趋势。国外大数据交易研究始于 2008 年，国内大数据交易研究始于 2013 年，大致上均可分为研究起步阶段和成长阶段，具体如表 2-4 所示。从时间序列及国内外发文量上看，国内外学者对数据交易这一前沿议题均所涉不深，随着产业界的实践发展与现实需要，未来可能进入蓬勃发展期。

表 2-4 数据交易研究阶段

阶段	国外		国内		特征
	时间	原因	时间	原因	
起步阶段	2008~2012 年	Nature 杂志于 2008 年发表了"Big Data: Science in the Peta Byte Era"系列专题文章，正式系统地提出了"大数据"的概念。同年，美国率先成立了名为"Factual"的全球第一个提供实时数据交易的平台，全球数据交易市场初见端倪，国外关于数据交易的研究兴起	2013~2014 年	2013 年被称为全球"大数据元年"，该年大数据之父 Viktor Mayer-Schonberger 的《大数据时代》出版问世，大数据应用所释放的价值和国外数据交易平台的出现在一定程度上激发了国内关于大数据交易的研究，但此时我国尚未出现数据交易平台	发文量处于较低水平
成长阶段	2013 年以来	2012 年，联合国公布了题为"Challenges and Opportunities with Big Data"的白皮书。同年，奥巴马政府宣布了"大数据研究和开发计划"，国际和国家战略层面对大数据的重视刺激了各界对数据应用的关注度，加之各国数据集市、数据银行、数据市场等数据服务新形态不断兴起并快速发展，如实时数据交易市场 BDEX、大数据平台提供商 Infochimps、日本数据交易市场"Data plaza"等，数据交易作为数据流通应用的重要途径，相关研究进入激增期	2015 年以来	2015 年国务院颁发了《促进大数据发展行动纲要》，大数据上升为国家战略；同年 4 月我国首家大数据交易所——贵阳大数据交易所（贵州）正式挂牌运营并完成首批大数据交易，此后，长江大数据交易所（湖北）、中关村数海大数据交易平台（北京）、东湖大数据交易平台（湖北）、西咸新区大数据交易所（陕西）、交通大数据交易平台（广东）、华中大数据交易所（湖北）、河北京津冀数据交易中心（河北）和华东江苏大数据交易中心（江苏）等大约 10 个数据交易中心继相成立，2015 年是我国大数据交易平台成立速度最快和数量猛增的一年，也被称为我国大数据交易所的发展元年。大数据国家战略的实施和大数据交易平台建设井喷期的到来，使得我国大数据交易研究也进入活跃期	发文量呈爆发式增长态势，引起广泛关注

— 41 —

2. 研究力量分布

研究地区、研究机构、研究者均是某一领域研究力量的体现。研究地区、研究机构是各项研究得以开展的依托平台，研究者是推动学科领域发展的重要动力。因此，本书分别对文献库里中英文文献的研究机构和作者进行了识别，结果发现：我国该领域研究机构数量最多，居于世界首位；美国、印度该领域研究机构数量居于世界前列；其余大部分国家对这一新兴话题仍属初步探索阶段；非洲和中东地区对这一研究领域所涉不多，很多国家尚未涉足该研究领域。运用 CiteSpace 软件绘制了研究机构合作网络图、作者合作网络图，具体如图 2-3~图 2-6 所示。

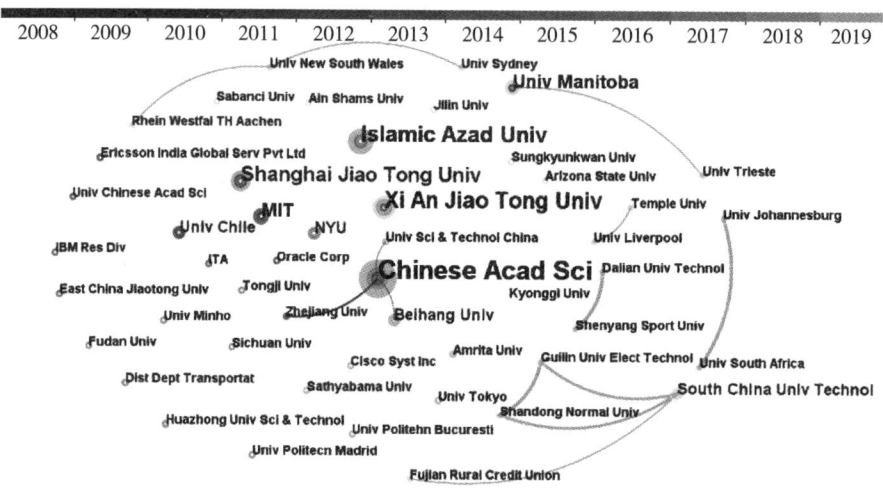

图 2-3　英文文献研究机构合作网络

从图 2-3 可以看出，近年来越来越多的研究机构从事关于数据交易的研究。其中，我国的中国科学院、西安交通大学、上海交通大学和伊朗的 Islamic Azad Univ 发文量居于世界前列。此外，形成了少量研究合作网络，如我国的中国科学院、北京航空航天大学、浙江大学和中国科学技术大学子网络、加拿大 Univ Manitoba 和意大利 Univ Trieste 子网络、澳大利亚 Univ New South Wales、Univ Sydney 和德国 Rhein Westfal TH Aachen 子网络等，这也反映出我国以国内研究机构的合作为主，跨国机构间的国际合作相对较弱。由图 2-4 可以看出，英文文献中 2013 年以来研究者明显增加，这与国际大数据交易研究进入成长阶段相吻合。此外，整体合作网络中存在较多子合作网络，表明国际上较多研究群体及作者关注数据交易话题。

图 2-4　英文文献作者合作网络

图 2-5　中文文献研究机构合作网络

从图 2-5 可以看出，国内大数据交易的相关研究机构较为分散，彼此间的合作较少，整个研究机构合作网络规模较小。其中，赛迪顾问电子信息产业研究中心从 2013 年开始一直在持续关注并开展数据交易方面的研究，其作为中国首家上市的咨询企业，发布的众多研究报告为各界展开相关研究奠定了基础。研究机构合作网络中的其他孤立节点大致可分为三类：一是信息技术类，二是经济管理类，三是法律类，可见数据交易研究受到了这三个学科的极大关注。由图 2-6 可以看出，近两年来对数据进行研究的国内研究者明显增多。研究者周慧虹从 2013 年开始至今一直在持续追踪研究，发文量较多；除此之外，还形成了其他子网络,如朝乐门和路海娟形成的子网络。整个作者合作网络规模较小且存在较多孤立节点,主要是因为数据交易尚属新兴研究领域,并且本书在绘制合作网络图的过程中仅选取了每年发文频次前 50 名的作者,该网络可显示数据交易领域内目前较具有代表性学者间的合作。

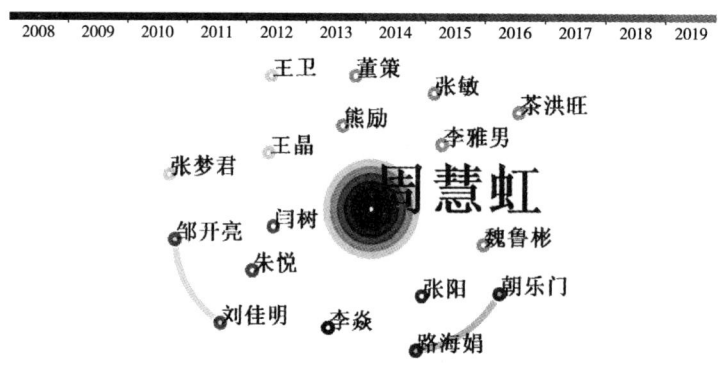

图 2-6　中文文献作者合作网络

国内外对比而言,高校和科研院所是大数据交易研究的主要力量,高校所占比重最大;国际研究机构合作网络规模明显大于国内研究机构合作网络规模,均存在较多孤立节点;我国众多研究机构在国际领域内表现突出,并形成了典型子网络,如中国科学院、北京航空航天大学、浙江大学和中国科学技术大学形成的子网络,桂林电子科技大学、山东师范大学、华南理工大学等形成的子网络,但跨国机构间的国际合作相对较弱。国际作者合作网络规模明显大于国内作者合作网络规模,但均存在较多孤立节点,该领域作者合作度不高,分布较为稀疏,尚未形成较大的研究群体,有关研究者之间的合作程度有待加强。

3. 高发文量期刊分析

期刊是各项研究成果传播的重要途径,期刊级别也在一定程度上反映了科研成果的质量。因此,本书运用 BICOMB 软件分别对中英文文献的所有发文期刊进行了提取、汇总及排序,发文量排名前 30 的国内外期刊如表 2-5、表 2-6 所示。

第二章 网络平台服务经济环境下数据资源的价值评估

表2-5 数据交易领域国外发文量 TOP30 期刊

序号	期刊	数量	序号	期刊	数量
1	IEEE Access	13	16	Journal of Cleaner Production	3
2	Future Generation Computer Systems—The International journal of Escience	8	17	IEEE Transactions on Knowledge and Dataengineering	3
3	Proceedings 2015 IEEE International Conference on Big Data	5	18	2018 International Conference on Advances in Big Data, Computing and Data Communication Systems (ICABCD)	2
4	Sustainability	5	19	Applied Soft Computing	2
5	Plos One	5	20	2017 Smart City Symposium Prague (SCSP)	2
6	Journal of Information Technology	4	21	China Communications	2
7	Ibm Journal of Research and Development	4	22	2017 International Conference on Intelligent Computing and Control Systems (ICICCS)	2
8	IEEE Transactions on Para-llel and Distributed Systems	4	23	2017 International Conference on Infocom Technolo-gies and Unmanned Systems (Trends and Future Directions) (ICTUS)	2
9	Expert Systems with Applications	3	24	2017 IEEE 2Nd International Conference on Big Data Analysis (ICBDA)	2
10	Advanced Science Letters	3	25	2016 International Soc Design Conference (ISOCC)	2
11	2015 IEEE International Congress On Big Data - Bigdata Congress 2015	3	26	2016 International Conference on Com-puter Communication and Informatics (ICCCI)	2
12	Mis Quarterly	3	27	2016 IEEE International Conference on Computing, Communication and Automation (ICCCA)	2
13	Knowledge-Based Systems	3	28	2016 IEEE International Conference on Cluster Computing (CLUSTER)	2
14	Wiley Interdisciplinary Reviewsdata Mining and Kno-wledge Discovery	3	29	2016 2Nd International Conference of Signal Processing and Intelligent Systems (ICSPIS)	2
15	Wireless Personal Communications	3	30	2015 International Conference on Logistics, Informatics and Service Sciences (LISS)	2

由表2-5可以看出，国际高发文量期刊中有13个属于国际会议论文集，其余期刊多为Sci或Scie期刊，包括1区期刊Mis Quarterly和Journal of Cleaner Production两个，2区期刊IEEE Access、Journal of Information Technology等八个，3区期刊Plos One和Wiley Interdisciplinary Reviews-Data Mining and Knowledge Discovery两个，4区期刊Sustainability、China Communications等四个，并且多为工程技术类期刊，围绕计算机理论方法、信息系统、人工智能等展开。由表2-6可以看出，国内高发文量期刊多为信息科技、社会科学、经济与管理科学类期刊，其中有8个达到了核心期刊以上级别，分别为《情报理论与实践》《图书与情报》《情报杂志》《青年记者》《北京邮电大学学报》《中国高校社会科学》《电子政务》和《电子学报》，其余均为一般级别刊物。显然，国内发文的高质量期刊大多为图书情报和社会科学领域的期刊，这是因为数据交易与情报信息、知识发现、公共利益等息息相关。特别地，《大数据》期刊由于其专业性和对口性强，复合影响因子和综合影响因子显著高于其他一般期刊。从国内外对比来看，国际发文水平较高且技术性强，国内发文质量参差不齐且社会性强。

表2-6 数据交易领域国内发文量TOP30期刊

序号	期刊	数量	序号	期刊	数量
1	招标采购管理	24	16	法制与社会	5
2	大数据	13	17	软件和集成电路	5
3	领导决策信息	10	18	青年记者	5
4	情报理论与实践	9	19	移动通信	5
5	中国政府采购	8	20	信息安全与通信保密	5
6	信息通信技术	7	21	建筑市场与招标投标	5
7	国际融资	7	22	石河子大学学报（哲社版）	5
8	中国信息化	7	23	计算机与网络	5
9	信息系统工程	7	24	北京邮电大学学报	5
10	图书与情报	6	25	中国发展观察	5
11	投资北京	6	26	中国高校社会科学	4
12	当代贵州	6	27	电子政务	4
13	情报杂志	6	28	电子学报	4
14	法制博览	6	29	高科技与产业化	4
15	产权导刊	6	30	信息技术与网络安全	4

4. 研究主题

为识别国内外大数据交易的研究主题，首先，本书采用文献计量软件 BICOMB 分别对中英文文献的关键词进行了提取、词频汇总及排序，得出排名前 30 的国内外关键词以识别该领域热点关键词，具体如表 2-7、表 2-8 所示。

从表 2-7 可以看出，Big Data、Data Mining、Big Data Analytics、MapReduce、Hadoop 等是英文文献中的热点关键词，表明国际研究从大数据出发，侧重通过数据交易实现数据挖掘与数据分析，尤其注重相关计算模型、方法和平台的性能提高，排名前 30 的热点关键词中包含 MapReduce、Hadoop、Cloud Computing、Blockchain、Machine Learning、Apriori Algorithm、NoSQL 等共计 15 个与此相关的关键词，这也与上文国际高发文量期刊多为工程技术类期刊相一致。

表 2-7 英文文献高频关键词

编号	关键词	词频	百分比（%）	编号	关键词	词频	百分比（%）
1	Big Data	185	7.81	16	Spark	9	0.38
2	Data Mining	48	2.03	17	E-Commerce	9	0.38
3	Big Data Analytics	35	1.48	18	Transactions	8	0.34
4	MapReduce	25	1.06	19	Business Intelligence	7	0.30
5	Hadoop	25	1.06	20	Internet of Things	7	0.30
6	Cloud Computing	22	0.93	21	Data Management	7	0.30
7	Association Rules	15	0.63	22	Predictive Analytics	6	0.25
8	Machine Learning	14	0.59	23	Data Warehouse	5	0.21
9	Blockchain	13	0.55	24	Cloud	5	0.21
10	Apriori Algorithm	13	0.55	25	Performance	5	0.21
11	Privacy Protection	11	0.46	26	Clustering	5	0.21
12	Security	11	0.46	27	Neural Networks	4	0.17
13	Smart City	10	0.42	28	HBase	4	0.17
14	Fraud Detection	10	0.42	29	HDFS	4	0.17
15	NoSQL	10	0.42	30	Data Sharing	4	0.17

表 2-8 中文文献高频关键词

编号	关键词	词频	百分比（%）	编号	关键词	词频	百分比（%）
1	大数据	298	10.83	16	中关村	25	0.91
2	数据交易	119	4.33	17	金融行业	24	0.87
3	数据交易平台	81	2.94	18	大数据分析	23	0.84
4	大数据产业	74	2.69	19	数据安全	23	0.84
5	公共资源交易	53	1.93	20	数据标准	22	0.80
6	贵州	51	1.85	21	数据共享	21	0.76
7	数据权属	43	1.56	22	数据定价	20	0.73
8	个人数据	42	1.53	23	数据法律规制	19	0.69
9	企业管理	41	1.49	24	大数据应用	17	0.62
10	大数据技术	36	1.31	25	数据开放	16	0.58
11	数据监管	35	1.27	26	交易模式	15	0.55
12	数据确权	32	1.16	27	数据治理	15	0.55
13	数据资产	29	1.05	28	隐私保护	14	0.51
14	数据资源	27	0.98	29	数据保护	14	0.51
15	区块链	25	0.91	30	数据处理	12	0.44

从表 2-8 可以看出，大数据、数据交易、数据交易平台、大数据产业、公共资源交易等是中文文献中的热点关键词，表明国内研究以大数据时代的到来为契机，依托大数据产业的整体发展和数据交易平台的实践发展展开。其中，贵州、中关村由于贵阳大数据交易所和数海数据资产评估中心在实业界的领先地位，多次被提及，说明实业界和学术界互为补充，共同推进数据资源交易领域发展，随着实业界发展阶段与发展瓶颈的变化，学术界理论研究热点和成果必然会形成新的繁荣。

其次，在识别热点关键词的基础上，本书采用 SNA 工具 Pajek 软件，进一步基于关键词共现绘制了国内外数据交易领域研究主题分布图，具体如图 2-7、图 2-8 所示。为提高分析网络的可视化效果，图 2-7 选取了英文文献中词频大于等于 3 的关键词绘制分布图，图 2-8 选取了中文文献中词频大于等于 4 的关键词绘制分布图。图 2-7 和图 2-8 中每个节点代表一个关键词，关键词名称标注在相应节点的右下方，两节点间的连线表示两个关键词之间的共现，连线的粗细反映两个关键词间共现次数的多少，连线越粗则代表共现次数越多。

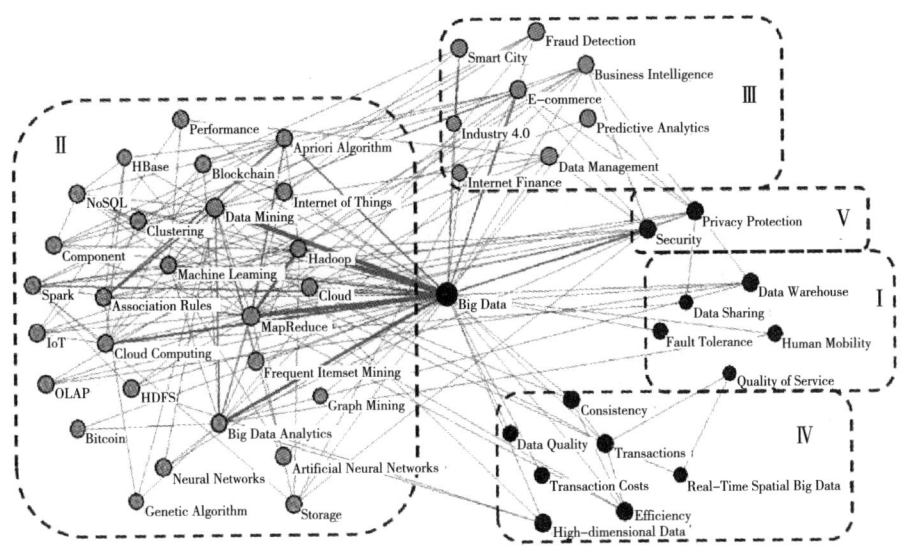

图 2-7　基于关键词共现的英文文献数据交易研究主题分布

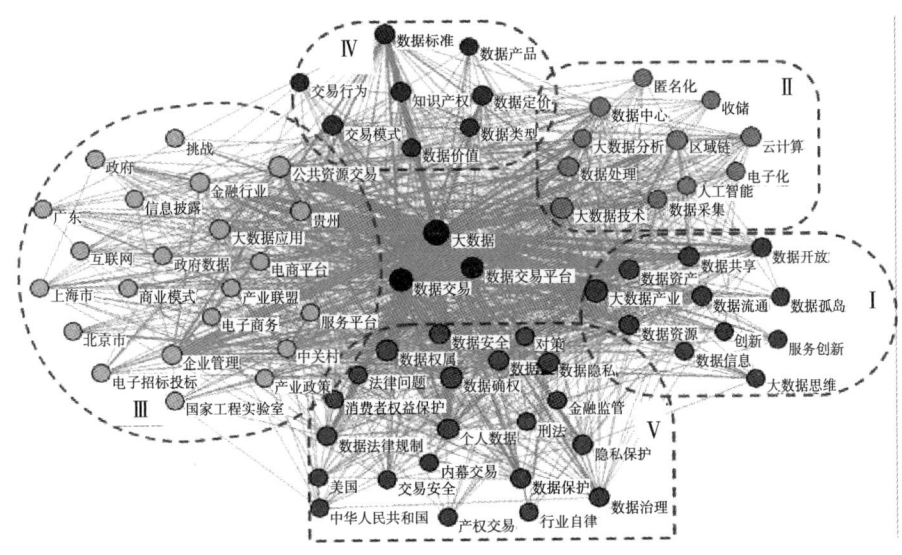

图 2-8　基于关键词共现的中文文献数据交易研究主题分布

图 2-7 和图 2-8 将中英文文献中的数据交易研究分为五个研究主题分支，分别为：

Ⅰ主题域：表示基于交易的数据内涵研究，主要是在数据交易情境下，回答如何认识数据和数据交易的问题，如将数据视为信息、资源、资产等，将数据交易视为大数据产业、服务创新、数据共享的新形式等。该主题下，中文文献关键词包括数据资源、数据资产、服务创新、大数据产业等，英文文献关键词包括 Data Sharing、Quality of Service、Data Warehouse 等。

Ⅱ主题域：表示基于交易的数据技术研究，数据交易平台的诞生本身就需要技术支撑，除此之外，数据交易可能涉及数据采集、数据处理、数据分析、可视化等一个或多个服务流程，各流程都离不开相关技术的支持，相关研究目前多与云计算、区块链、物联网、人工智能等新兴技术形态相融合。该主题下，中文文献关键词包括数据采集、数据处理、区块链、人工智能等，英文文献关键词包括 Data Mining、Big Data Analytics、MapReduce、Hadoop、Cloud Computing 等。

Ⅲ主题域：表示基于交易的数据应用研究，数据交易的最终目的在于通过数据流通打破数据孤岛，实现更大范围、更新领域的数据应用，包括"用哪些数据""把数据用在哪里"和"大数据应用的利与弊"三大问题，目前政府数据等公共数据资源由于具有规模大、真实客观、相关性强等特点而成为数据应用的关注对象，商务智能、预测分析、商业模式创新、智慧城市建设等是数据的用武之地。该主题下，中文文献关键词包括大数据应用、公共资源交易、企业管理、电子商务等，英文文献关键词包括 Smart City、Predictive Analytics、E-commerce、Business Intelligence 等。

Ⅳ主题域：表示基于交易的数据评估研究，数据交易涉及数据供需双方，双方对待交易数据的判断和评估一致是达成交易的前提，相关研究主要探讨数据标准化、数据价值评估、数据定价等问题。该主题下，中文文献关键词包括数据产品、数据标准、数据价值、数据定价等，英文文献关键词包括 Data Quality、Transaction、Transaction Costs 等。

Ⅴ主题域：表示基于交易的法律道德研究，当前数据暴发的大背景下，文字、方位和沟通等万事万物都在由现象转变为数据，数据滥用、数据地下交易等屡见不鲜，因此如何确保数据交易合情合法是一项重要的研究主题，相关研究主要回答"满足何种条件的数据可以自由交易""数据具有哪些权利""数据权力属于谁""数据交易伴随哪些权利的交易""数据交易侵犯个人隐私的边界""数据交易过程如何确保安全"等问题。该主题下，中文文献关键词包括数据安全、隐私保护、数据法律规制等，英文文献关键词包括 Security、Privacy Protection 等。

通过对图 2-7 和图 2-8 进行对比分析，可以发现国内外大数据交易研究呈现出多元化和跨学科融合的特点。一方面，大数据交易研究涵盖技术、应用、法律规制等多层面，与云计算、区块链、人工智能等的融合性增强；另一方面，大数据交易研究涉及计算机科学、社会学和法学等多学科，并逐渐从互联网、金融等行业扩大到政府等公共领域。英文文献研究主题集中于数据技术研究，这与国外先进的计算机编程、算法开发、系统架构搭建技术有关，与上文热点关键词统计、高发文量分析所得结果一致；中文文献研究主题集中于数据应用和法律道德研究，这与我国当前的"大数据热"有关，各行各业都热捧大数据并寻求自身与大数据的融合，但由于相关立法、权威标准尚未形成，数据交易研究还处于"摸着石头过河"的阶段，"大数据热"背景下有关数据交易过程中法律道德问题的"冷思考"出现，尤其是 2018 年欧盟最新个人数据保护法案《一般数据保护条例》的正式实施，在为全球数据保护树立新标杆的同时，也激发了对我国数据交易中法律道德问题的探讨与研究。

（二）数据资源价值评估理论研究现状

基于文献阅读、梳理、汇总，本书从评价视角、评价对象、评价体系和评价方法四个方面对数据资源价值评价相关研究进行了汇总梳理，结果如表 2-9 所示。

表 2-9 数据资源价值评估研究现状梳理

梳理角度	类别
评价视角	利益相关者视角
	数据资产溯源管理视角
	会计计量视角
	信息生命周期理论视角
评价对象	分类数据资源
	综合数据资源
评价体系	二维度体系：数据资产成本、数据资产应用
	三维度体系：收集、处理、维护
	二维度体系：数据属性、数据分析能力

续表

梳理角度	类别
评价方法	层次分析法
	以 AHP 为基础的组合评价法
	其他方法

1. 数据资源价值评价视角

由于数据资源的行业特性和研究情境的变化，已有文献涉及以下四种研究视角：利益相关者视角、数据资产溯源管理视角、会计计量视角和信息生命周期理论视角。

第一，利益相关者视角。利益相关者是指"所有影响或受影响于组织目标的群体或个人"，利益相关者研究视角适用于会影响到一系列组织、群体和个人的公共问题。数据资源由于互联网、智能终端的普及变得与每个人息息相关，尤其是政府数据、社交网络平台数据和科学数据等，因此这一研究视角下的对象多为宏观层面的公共社会类数据。

第二，数据资产溯源管理视角。数据资产溯源管理是指以数据为基础，以回溯为手段，形成树状的全局数据溯源视图，在此基础上实现对数据资源全过程各节点的技术检测和业务检测。该视角主要得益于数据资产管理技术的完善，实现了数据形成过程的可视化呈现，该视角下的价值评价主要以数据溯源图为依据。

第三，会计计量视角。该视角是指出于记账、审计、并购等现实需要，以价值决定价格和价格反映价值为理论基础来研究数据资源会计核算问题。其研究出发点可细分为三类：账务处理、审计评估、资产评估。账务处理是将数据作为资产体现在会计科目下的过程，多数研究将其视为无形资产，初期主要探讨传统会计计量方式的适用性，最后鉴于不同依据确定计量方式，如依据数据资源所属形成阶段、取得方式、特点、会计计量整体顺序等，目前尚未形成统一结论，涉及历史成本法、收益现值法等多种计量方式。审计评估是对价值的另一种衡量形式，数据资源进入审计领域，相关审计标准与框架具有变更的必要性，已有研究提出了审计调研的数据资产框架（DAF）。资产评估是一种面向市场交易的价值评价，评估对象预期可带来的经济价值是重要因素，已有研究用数据资产对企业的贡献程度和预期投资回报的大小来衡量其价值量。

第四，信息生命周期理论视角。信息生命周期包含信息获取、信息标识、信息保存、信息交换、信息处置等多个阶段，是一系列逻辑上相互关联的步骤，

第二章 网络平台服务经济环境下数据资源的价值评估

该理论认为信息的价值体现在信息交换环节。据此，该视角的理论研究认为，数据本身并不具有价值，而数据所提供的信息和所蕴含的知识具有价值，只有对数据加以处理和利用后，数据才能从本身的"数"变为具有价值的"数据资源"，因此将数据信息和数据资源视为同等概念，已有研究基于该视角分析了数据资源的形成过程和价值体现途径。

2. 数据资源价值评价对象

本书通过梳理发现，数据资源价值评价对象具有分类与综合共存的特点，据此可根据被评价对象涵盖类别的综合性划分出两种评价对象：

第一，以分类数据资源为评价对象。从现实发展角度来看，一方面，数据的产生带有一定的行业背景；另一方面，数据交易平台也常按类挂牌并交易，比如，东湖大数据交易中心根据来源将其划分为企业数据、政府数据、公益数据和个人数据等，数多多交易平台按照所属行业将其划分为金融数据、社交网络数据和科研数据等，贵阳大数据交易所按照应用范围将其划分为政府应用、行业应用和金融应用。与实践发展相对应，以分类数据资源为评价对象的理论研究应运而生，将行业标准、现实要求等作为评价标准，更具针对性。现有研究涉及科学数据、金融数据资产、联盟数据资产、通信数据、互联网数据资源和开放政府数据等。

第二，以综合数据资源为评价对象。综合数据资源是各类数据资源的总称，该类研究打破数据资源内部的类别差距，基于数据资源有别于其他资源的共性特征进行价值评价，该类研究最早提出成本和应用维度的评价模型，得到了学界广泛关注和较多的理论认可，但其实践效果还有待观察；之后，基于数据形成过程提出以收集、处理和维护为指标进行评价；也有研究提出从数据属性和分析能力两个维度进行评价。

3. 数据资源价值评价体系

数据资源价值评价研究仍处于初步阶段，权威性的评价体系或参考模型较少，本书对三种典型的评价体系进行了对比分析，对比情况如图2-9所示。

第一，成本—应用二维度评价体系。该体系包括数据资产成本和数据资产应用两大维度，其中，数据资产成本主要来自建设费用和运维费用，建设费用包括人工成本、材料成本和间接费用，运维费用包括业务操作费和技术运维费；数据资产应用主要用资产分类、使用次数、使用对象和使用效果评价这四个指标来衡量。该评价体系以现有研究存在的主要问题为突破点，从数据的内在价值和使用价值出发，将成本过程与应用过程相结合来评价其价值，侧重于从数据资源的产生与使用两端构建评价模型，这里的"两端"是指价值产生与实现阶段。

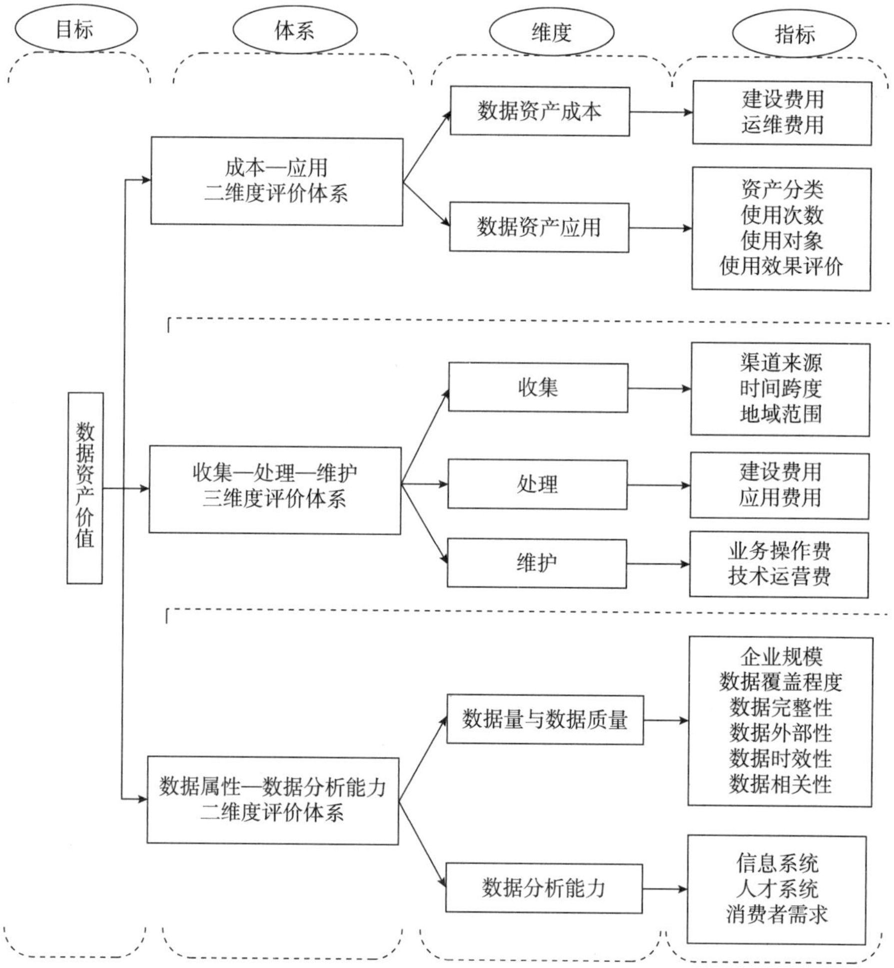

图 2-9 数据资源价值评价体系汇总

第二，收集—处理—维护三维度评价体系。该体系将收集、处理和维护作为一级指标，收集下设渠道来源、时间跨度和地域范围三个二级指标，处理下设建设费用和应用费用两个二级指标，维护下设业务操作费和技术运营费两个二级指标。其中，二级指标建设费用下设人工成本、材料成本和间接费用三个三级指标，二级指标应用费用下设研发成本和推广成本两个三级指标。该评价体系从当前数据服务公司采用实物期权法处理数据资产的现状及存在的缺陷出发，基于数据资产收集、应用、输出和评价反馈的过程，从数据资源运营的闭环循环过程构建评价体系。

第三,数据属性—数据分析能力二维度评价体系。该体系从"数据属性"和得出"数据信息"的分析能力两方面判断数据资产价值,数据属性即"量"与"质",下含企业规模、数据覆盖程度、数据完整性、数据外部性、数据时效性和数据相关性六个指标;数据分析能力维度下含信息系统、人才系统和消费者需求三个指标。该评价体系将 Data One 数据生命周期模型概括为原始数据生产保存与加工两个步骤,并借鉴信息生命周期理论对数据资源整个价值流程形成了较为全面的认识,强调数据分析能力的重要性。

4. 数据资源价值评价方法

本书按时间序列对已有文献中的数据资源价值评价方法进行了梳理,其发展历程分为层次分析法(AHP)、以 AHP 为基础的组合评价法和其他方法三个阶段,呈现出由易到难、由简单到复杂的变化历程(见图 2-10)。

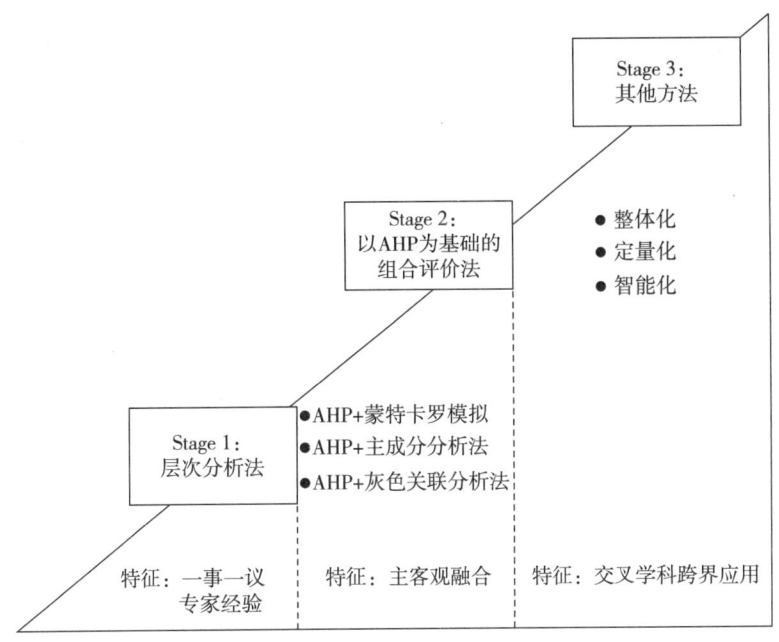

图 2-10 数据资源价值评估方法演变

第一,层次分析法(AHP)。该方法是将被评价对象视为一个整体的系统性主观赋权方法,采用递阶层次结构下的相对标度形式,依靠决策者判断对同一层次有关因素的相对重要性进行两两比较,并按层次由下至上合成方案对决策目标测度,侧重于定性分析与判断。该方法在数据资源价值评价领域最先受到青睐,究其原因有如下三点:从数据资源本身特性而言,其成本费用以及获利能力等的模糊性,使得难以采用客观指标实现价值量化;从现实情况而言,数据交易平台一事一议的价值评价形式广泛存在，多通过专家经验进行价值判断，并且在网络平台服务经济环境下，数据资源交易发展时间较短，国家层面、行业层面都尚未形成定量化、标准化的规范，可参考标准少；从理论基础而言，部分研究已发现，利用层次分析法评估无形资产价值具有一定的合理性，层次分析法较为实用且评估效果不错，具有可借鉴之处。

第二，以AHP为基础的主客观组合评价法。层次分析法构建的具有层次结构的评价体系多由定性指标组成，指标权重多根据专家打分法得出，因此存在主观因素过重、定性成分较多等缺点，鉴于此，某些研究中衍生出以AHP为基础的组合评价法。此类研究的相关文献中出现了三种组合方法：①AHP与蒙特卡罗模拟相结合。蒙特卡罗模拟是一种基于大数法则的实证方法，主要源于实物期权定价，其原理在于利用计算机迭代计算模拟实际物理过程以获得最接近真实水平的近似解，所要求解的问题通常为某种事件出现的概率或某个随机变量的期望值，两者组合解决了数据资源从无形资产中分割出来和仿真模型输入参数双重不确定的问题，用概率分布体现重要程度，创新了指标权重的确定。②AHP与主成分分析法相结合。两者组合弥补了层次分析法权重确定主观性较大的缺陷和实物期权法风险考量的不足，将数据资源价值进行货币量化，实现了定性与定量的结合。③AHP与灰色关联分析法相结合。灰色关联分析法是根据系统中各因素间发展趋势的相似或相异程度，得出因素间关联程度的一种方法，此方法可用于找出关联度较高的可比数据资产，通过参照可比数据资产达到指标值量化的目的，与层次分析法确定的指标权重相结合可量化数据资产价值。

第三，定量化客观评价方法。学科的交叉融合开拓出多样的数据资产价值评价方法：一是借鉴传统经济学方法，如B-S实物期权法、密切值法改进的B-S模型、讨价还价模型、拍卖法等，这些方法认为数据资产与专利资产等具有相似特性，不做分割式价值衡量，而是基于整体衡量。二是借鉴信息管理学方法，如综合多指标的信息价值熵方法等，这与数据资产信息价值的广泛认同有关，强调选取可量化的指标和取决于属性值的指标权重。三是借鉴计算机领域方法，如神经网络、遗传算法等，通过算法的自组织、自适应和自学习能力克服主观评价的人为和模糊随机性影响，尤其适用于样本数量较大的情况，可以提高评价精度与效率。

（三）研究述评

综上所述，数据资源价值影响因素的挖掘日趋全面，但仍停留在启发式探讨层面，注重基于数据交易实践进行分析总结，存在系统性不足的缺陷，如何将影响因素量化进而展开价值评估的研究相对欠缺。在数据资源价值评估方法上，已有研究借鉴传统的无形资产价值评估方法取得了一定成果，但仍存在三个方面的研究局限：第一，资产评估类方法各有不同适用条件和弊端，数据具有成本难衡量、预期经济价值难量化、使用年限不确定等特性，简单地将其作为资产进行计量存在灰色地带，把该类方法直接应用和推广具有一定难度；第二，现有多属性综合评价方法以层次分析法为基础，主观性较强，指标值量化成为一大难点，无法形成客观量化、普遍认同的价值判断；第三，经济学方法对定价机理与模型的"适应型"改进和推导较少，理论分析与数学仿真多在层层假设的理想环境下进行，动态应用效果略显不足。综合来看，现有数据资源价值评估方法不足以确定其价值，准确度还不够理想，与当前网络平台交易情境的结合也不够密切，智能化评估的设想并未实现，这些方法的应用效果及适用性还有待检验。

基于此，本书在挖掘网络平台数据资源价值影响因素的基础上，采用AGA-BP神经网络模型进行网络平台交易情境下的数据资源价值评估，运用真实量化数据进行实证检验，验证该模型的有效性。其中，数据资源即那些可出售、买卖和转让的数据资源（包括数据集、数据API等），数据网络平台交易情境泛指数据交易所、数据交易中心、数据市场、数据交易公司、数据集市等各类数据交易平台，如贵阳大数据交易所、武汉东湖大数据交易中心等。

三、数据资源价值评估指标体系的构建

在上文数据资源价值影响因素的梳理结果的基础上，考虑到各影响因素的使用频率和选取变量的可得性，本书基于资源和资产的双重视角，最终构建了数据特质因素、数据法律因素、数据市场因素三维数据资源价值评估指标体系，具体如图2-11所示。其中，数据特质因素包括指标数据活性度、数据规模度和数据新鲜度，数据法律因素包括指标数据独占度和数据确权度，数据市场因素包括指标市场关注度、数据应用度和数据资源价格。

本书将数据资源价值评价的细分指标作为模型输入指标，选取数据资源累计成交额作为模型输出指标。这是因为数据资源交易通常为数据资源在大数据交易平台挂牌待售，买卖双方以交易平台为桥梁，或者直接按照标价交易，或者采用讨价还价等方式协议定价达成交易，可见数据交易平台上的数据资源标

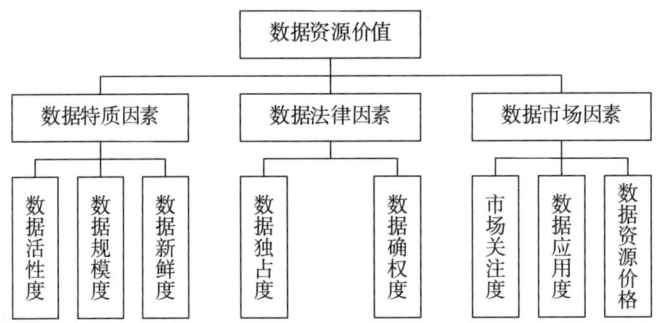

图 2-11 数据资源价值评估指标体系

价并非最终交易价格,累计成交额才是其真实价值的反映。具体指标描述性统计如表 2-10 所示。

表 2-10 指标描述性统计

变量类型	指标类别	指标名称	指标含义
输入变量	数据特质因素	数据活性度	即数据存储类型导致的数据实时更新能力的差别,依据数据格式(文本、音频、图像、视频、其他)判断
		数据规模度	即数据资源的容量大小,容量越大,规模度越高,通过数据存储容量量化(以 KB 为基本单位)
		数据新鲜度	即数据年龄,距离购买时刻越近,数据年龄越小,数据价值越大,通过数据资源平台发布时间与观察时刻的时间间隔量化(以天数为单位)
	数据法律因素	数据独占度	即数据提供者所具有的可以阻止其他人出售该产品的特性程度,依据数据来源(企业、个人、政府、公益、其他)判断
		数据确权度	即数据资源的商品版权明晰程度,依据数据版权归属信息(发布方、个人、大数据交易中心、数据提供单位、公司)判断
	数据市场因素	市场关注度	即数据交易平台上对该商品的需求程度,通过此网站数据资源产品的被浏览次数量化(以次为单位)
		数据应用度	即数据资源与现实结合的最终应用程度,通过数据交易平台上交易达成次数量化
		数据资源价格	即数据资源在交易平台上的标价
输出变量		数据资源价值	即数据资源在该平台最终达成交易的累计成交额

四、基于 AGA-BP 神经网络模型的数据资源价值评估模型

（一）AGA-BP 神经网络模型的构建

本书提出了基于 AGA-BP 神经网络的数据资源价值评估模型，该模型的构建包括双层优化思路确定、AGA-BP 神经网络训练、AGA-BP 神经网络仿真及效果评价三部分，模型构建过程如图 2-12 所示。

第一部分，双层优化思路确定。第一层优化是采用遗传算法优化 BP 神经网络，BP 神经网络是一种误差反向传播的多层前馈型神经网络，能够依靠数据本身挖掘其内在联系的一般性规律，具有很强的非线性适应能力和学习能力，可以实现输入和输出的任意精度范围内的非线性映射，但也存在着收敛速度较慢、容易陷入局部最优等缺点。因此，可采用遗传算法寻找在全局范围内较优的初始权值和阈值，避免网络陷入局部极小值、出现过拟合等问题，提高收敛速度和学习能力。第二层优化是自适应优化遗传算法，遗传算法（Genetic Algorithms，GA）是一种仿照生物界遗传进化机制进行随机全局搜索和优化的方法，遵循优胜劣汰、适者生存的原则，通过选择、交叉、变异三个基本遗传算子保留适应能力强的最优个体，从而在全局搜索下寻找到最优解。该算法具有全局搜索能力强、鲁棒性强、并行计算能力高等优点，在优化 BP 神经网络模型方面应用广泛。基本遗传算法中，遗传参数多为固定常数，无法全面考虑个体特征，降低了对个体特征的区分度和算法的收敛速度。对此，Srinivas 提出自适应遗传算法（Adaptive Genetic Algorithm，AGA）用于改进传统遗传算法，通过遗传参数自适应提高算法性能。目前多采用自适应的交叉概率值和变异概率值，将其设定在一定变化范围，随着算法运行中适应度值的变化自行调整，在种群适应度值较分散时采用较小的交叉概率和变异概率，以保留较优个体并保证算法收敛；在种群陷入局部最优时采用较大的交叉概率和变异概率，以增加新个体的产生并跳出局部最优，通过自适应达到个体遗传的理想效果，在保证种群多样性的同时保证算法收敛。最终，经过两层优化，本书确定了基于 AGA-BP 神经网络的数据资源价值评估模型。

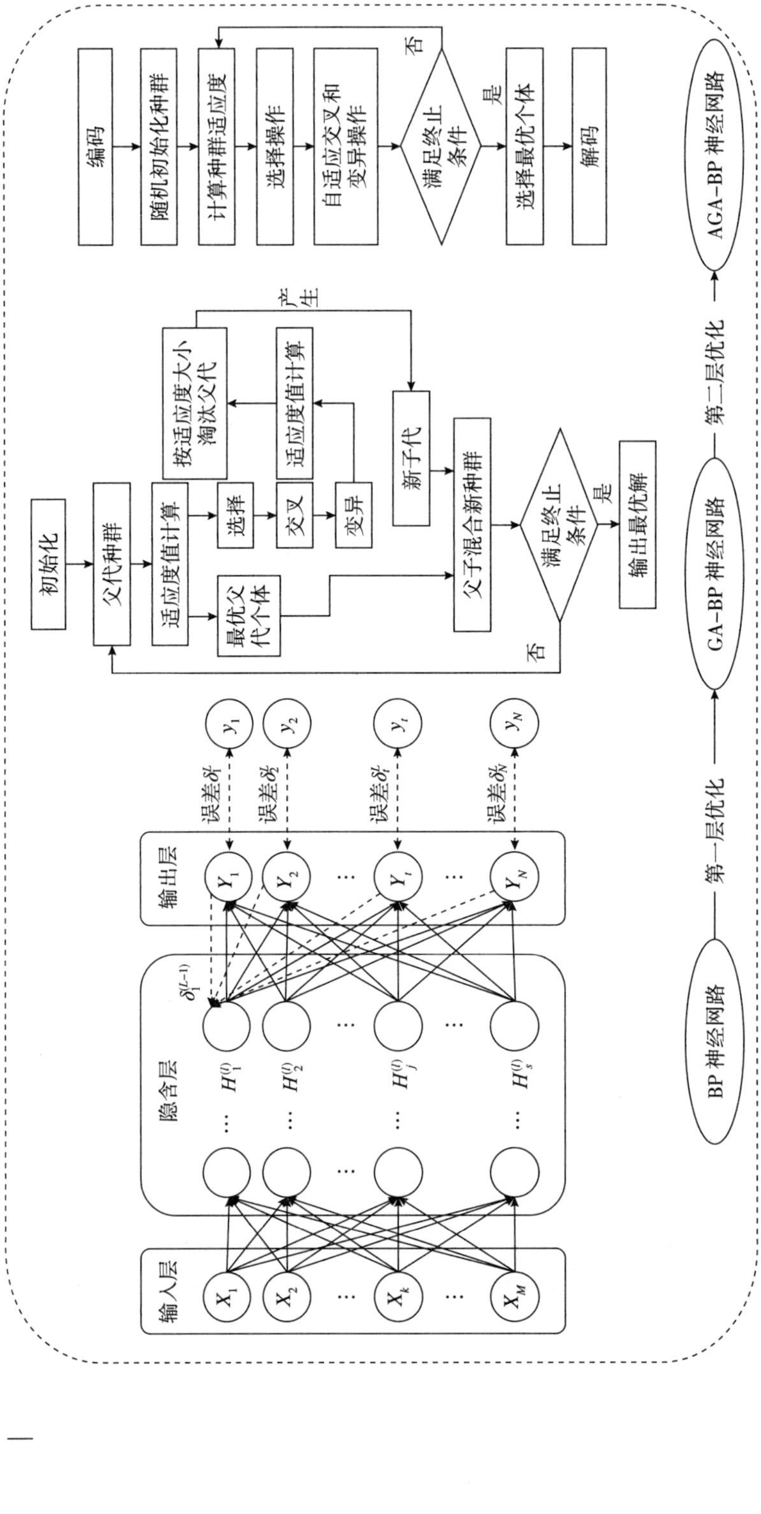

图2-12 AGA-BP神经网络数据资源价值评估模型的构建

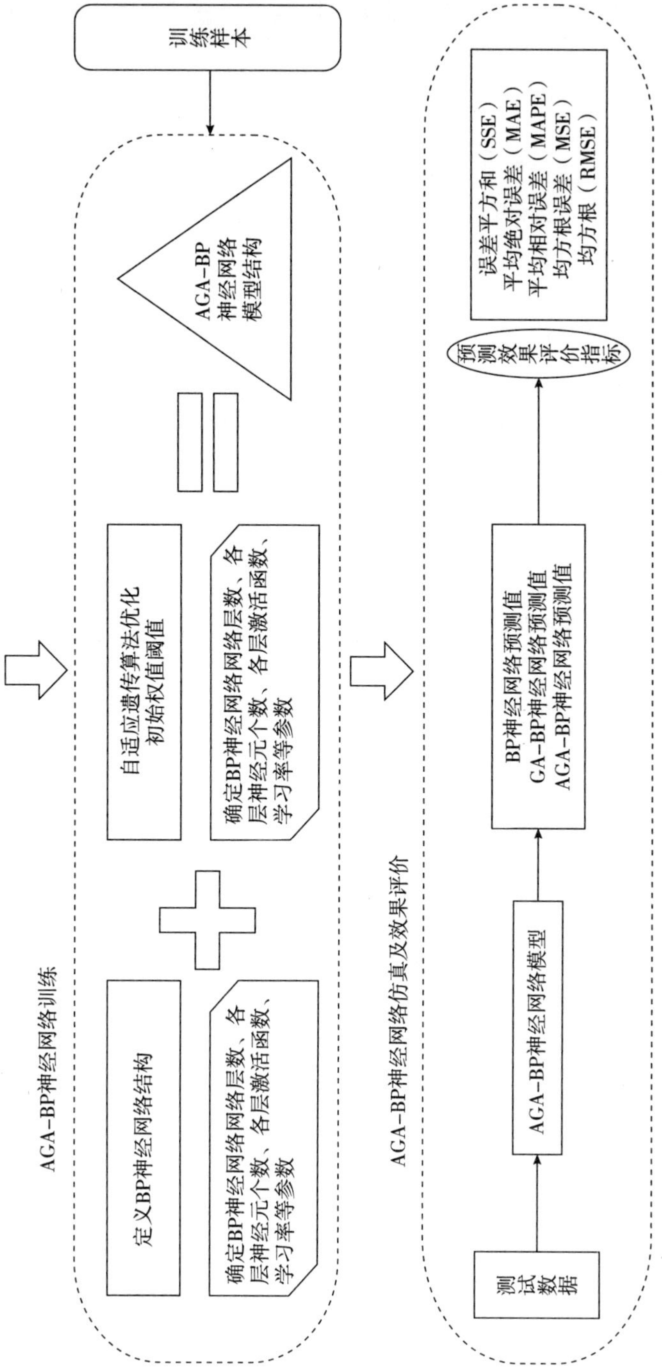

图2-12 AGA-BP神经网络数据资源价值评估模型的构建（续）

网络平台环境下数据、内容、服务以及技术资源价值评估及定价

第二部分，AGA-BP 神经网络训练。首先，定义 BP 神经网络结构，即根据训练样本建立 BP 神经网络初始结构模型，参数涉及网络层数、各层神经元个数、各层激活函数、学习率等。其次，利用自适应遗传算法优化初始权值及阈值，参数涉及个体长度、种群大小、迭代次数、交叉概率和变异概率等，反复进行选择、交叉、变异操作寻得最优个体，即最优网络初始权值及阈值。最后，用实证数据样本中的训练集训练具备最优初始权值及阈值的神经网络模型，使网络在不断迭代的过程中学习完善。

第三部分，AGA-BP 神经网络仿真及效果评价。其主要任务是利用实证数据样本中的预测集进行仿真，预测数据资源价值。鉴于本书提出的模型是层层优化的结果，因此将 AGA-BP 神经网络模型与 GA-BP 神经网络、BP 神经网络进行比较，验证 AGA-BP 神经网络在数据资源价值评估问题上的有效性。在网络性能评价时，本书选用误差平方和（SSE）、平均绝对误差（MAE）、平均相对误差（MAPE）、均方根误差（MSE）、均方根（RMSE）等预测效果评价指标作为评价三个模型预测好坏的依据。

（二）AGA-BP 神经网络模型的实现步骤及流程

AGA-BP 神经网络数据资源价值评估模型具有两大优势：第一，采用智能模型进行价值评估，实现了数据资源价值的非线性预测及判断；第二，用自适应遗传算法优化 BP 神经网络，实现了智能优化算法与神经网络的结合，克服了 BP 神经网络极易陷入局部最优和收敛速度慢的缺陷。AGA-BP 神经网络模型的实现流程如图 2-13 所示，具体步骤如下：

Step 1：初始化参数，定义 BP 神经网络的拓扑结构。具体参数包括隐含层层数、隐含层神经元个数、迭代次数、学习率、训练目标最小误差等。

Step 2：初始权值和阈值编码。此步骤主要是将 BP 神经网络初始化后的权值和阈值进行编码，以便加入遗传算法。

Step 3：确定自适应遗传算法参数。具体参数包括种群数、迭代次数、变异概率上下限、交叉概率上下限、适应度函数等。其中，交叉概率取值范围一般为（0.4, 0.99），变异概率取值范围一般为（0.001, 0.1），适应度函数值用 BP 神经网络模型输出值与期望值之间的误差表示，所以适应度值越小的个体为最优解。

Step 4：选择操作。从初始权值和阈值开始计算其适应度，判断是否满足停止条件，不满足则按照适应度值对个体进行排序，根据优胜劣汰原则，选择保留适应度较优的个体。

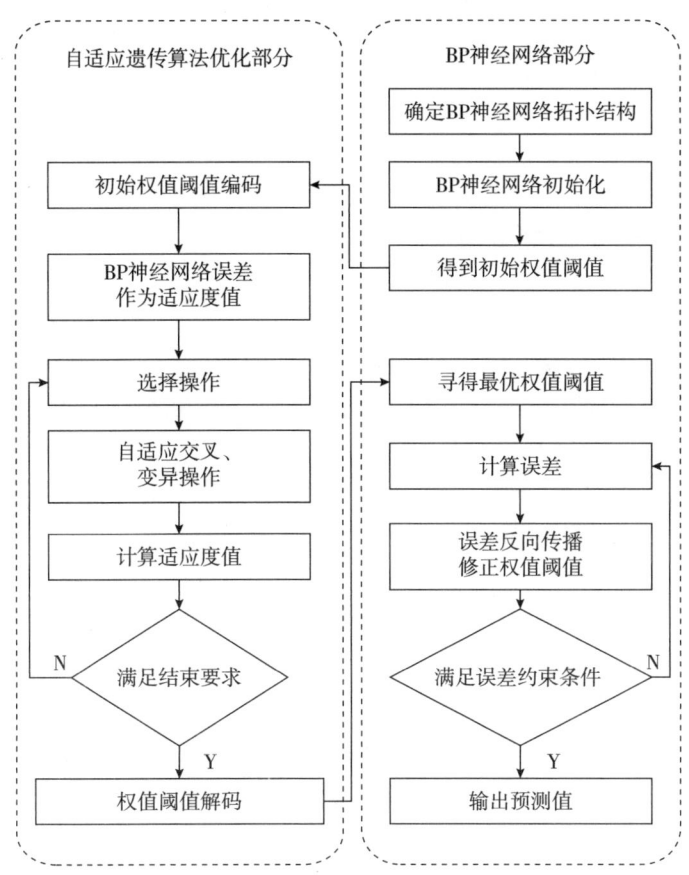

图 2-13 AGA-BP 神经网络算法流程

Step 5：自适应交叉、变异操作。将保留下来的个体根据其适应度值的大小进行交叉、变异操作，并随着个体适应度值的变化，判断其与种群平均适应度的关系，自适应调整交叉概率和变异概率。

Step 6：判断是否满足优化算法终止条件。设置达到最大迭代次数或者较优适应度值作为算法的终止条件，满足条件则优化算法结束，不满足条件则返回 Step4 重复执行 Step4 至 Step6。

Step 7：最优权值阈值解码。得到自适应遗传算法寻找的最优权值和阈值，将其解码回代 BP 神经网络拓扑结构。

Step 8：训练 BP 神经网络并用训练好的 BP 神经网络进行数据资源价值仿真评估。

五、实证分析

（一）数据来源及处理

武汉东湖大数据交易中心成立于2015年7月，是国内成立时间较长的数据交易平台，该平台拥有交通环境、公共服务、健康医疗、金融商贸、科研应用、社交征信、文娱音乐、知识产权、智慧生活等多行业数据交易资源。本书建模所需的数据均来自该平台，本书采用八爪鱼数据采集软件获得了该网站上交通环境、公共服务、健康医疗、金融商贸、科研应用、社交征信、文娱音乐、知识产权、智慧生活和产业数据共计十类数据资源交易数据，每条数据包含的项目名称分别为：数据资源名称、数据所属行业、发布时间、数据格式、数据大小、数据来源、版权信息、浏览次数、价格、累计交易额。本书对获取的数据按照以下规则进行了数据筛选及处理：若关键字段信息缺失，删除此条数据；若一般属性值缺失，利用样本同类均值或众数补全缺失值；若出现重复数据，则仅保留一条有效数据；对采集数据的单元格格式进行统一，如删除数据单元格空白字符；统一数据大小计量单位，将其全部以 KB 为单位。本书最终获得可用数据244条，将其中234条数据作为训练集，10条数据作为测试集，具体数据采集情况如表2-11所示。

表2-11 数据资源交易数据采集情况

数据来源	数据条数	收集时间	采用软件
武汉东湖大数据交易中心	244条	2018年11月25日	八爪鱼

（二）模型参数设计

本书 AGA-BP 神经网络数据资源价值评估模型的网络拓扑结构为21-6-1，输入层的神经元节点数为21，取决于数据资源价值的影响因素，隐含层只有一层，神经元个数为6个，主要是通过经验公式和实验试凑法确定的。输出层节点数为1,输出指标为数据资源累计成交额。在神经网络训练中,网络训练目标为0.00001,学习率为0.02;在自适应遗传算法优化 BP 神经网络初始权值的过程中,种群数量为100,遗传迭代次数为500,交叉概率的自适应范围为[0.05,0.25],变异概率的自适应范围为[0.05,0.1]。

(三) 结果与分析

根据设置好的参数,本书在软件 MATLABR2018b 中进行神经网络的构建、训练和仿真。本书运用 AGA-BP 神经网络、GA-BP 神经网络和 BP 神经网络三种方法分别进行了仿真训练,为更好地对比三种算法的评估效果,所用实验数据均相同,参数设置也相同,并使用误差平方和(SSE)、平均绝对误差(MAE)、平均相对误差(MAPE)、均方根误差(MSE)、均方根(RMSE)五个评价指标进行方法比较。测试集数据的序号为235~244,测试样本三种模型的预测结果和数值拟合情况如表2-12和图2-14所示。

表 2-12 测试样本仿真结果 单位: 元

序号	累计成交额	AGA-BP 预测值	GA-BP 预测值	BP 预测值
235	444000	383742.1	388731.2	330239.6
236	845000	883183.7	733621.6	398809.5
237	249600	253174.8	401080	271515.7
238	935000	939805.3	937995.9	666343.9
239	792000	799225.3	797732.6	731470.1
240	432000	433499.5	427490.7	691564.3
241	532000	586268.9	591066.7	392671.1
242	312000	285671.5	255195.2	259387.9
243	792000	799396.5	799168.9	731940.7
244	541200	478324.7	578672.9	334937.2

结合表2-12和图2-14可以发现,AGA-BP 神经网络、GA-BP 神经网络和 BP 神经网络都能描绘出数据资源价值的大体走势,说明神经网络模型是一种可用于数据资源价值评估的仿真模型。相比较来看,BP 神经网络模型的仿真预测值和实际值相差较大,预测效果欠佳;AGA-BP 神经网络、GA-BP 神经网络的

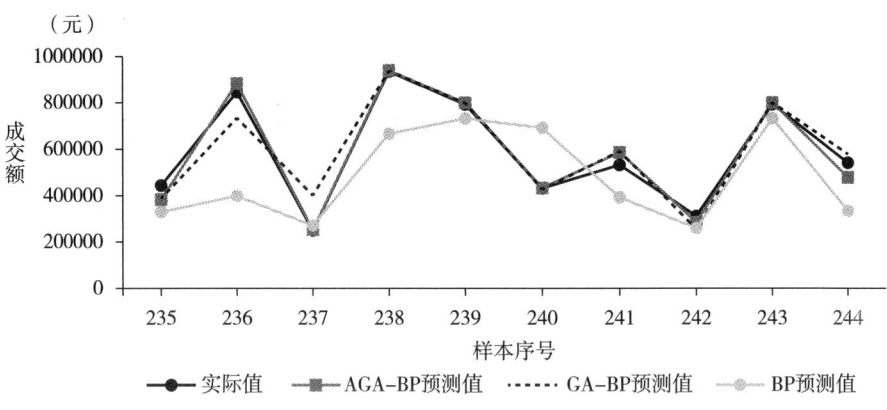

图 2-14 数据资源价值评估三种模型的拟合数值

仿真预测值和实际值更加接近,预测效果较好,其中,AGA-BP 神经网络预测值与实际值的拟合效果略优于 GA-BP 神经网络。

表 2-13 模型仿真预测效果评价

评价指标	SSE	MAE	MAPE	MSE	RMSE
AGA-BP 神经网络模型	12825639863	26641.56	5.25	1282563986	35812.9
GA-BP 神经网络模型	46639407650	49187.83	12.55	4663940765	68293.05
BP 神经网络模型	424053296890.11	162887.98	27.24	42405329689	205925.54

此外,本书按照预先设定的仿真效果评价指标对三种模型的仿真效果进行了对比,不同模型仿真预测效果评价指标计算结果如表 2-13 所示,并据此绘制出不同模型仿真预测的绝对误差对比图(见图 2-15)和相对误差绝对值对比图(见图 2-16)。

由表 2-13 可以看出，三个预测模型的误差平方和（SSE）、均方根误差（MSE）都较大，这是数据资源累计成交额较大造成的，但三者之间对比而言，BP 神经网络模型、GA-BP 神经网络模型、AGA-BP 神经网络模型的 SSE 和 MSE

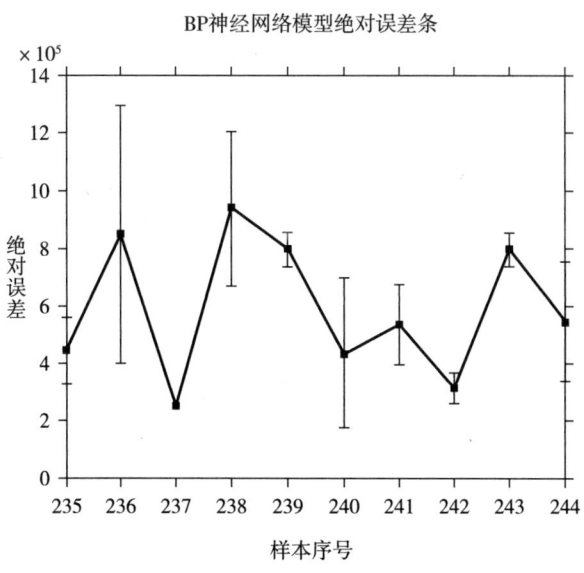

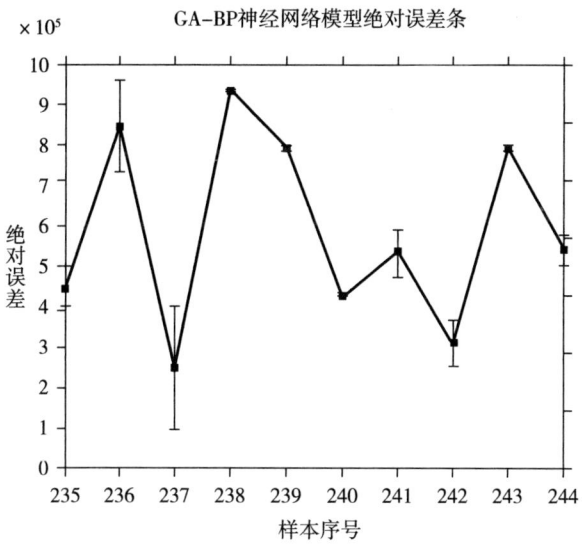

图 2-15　预测样本不同模型绝对误差对比

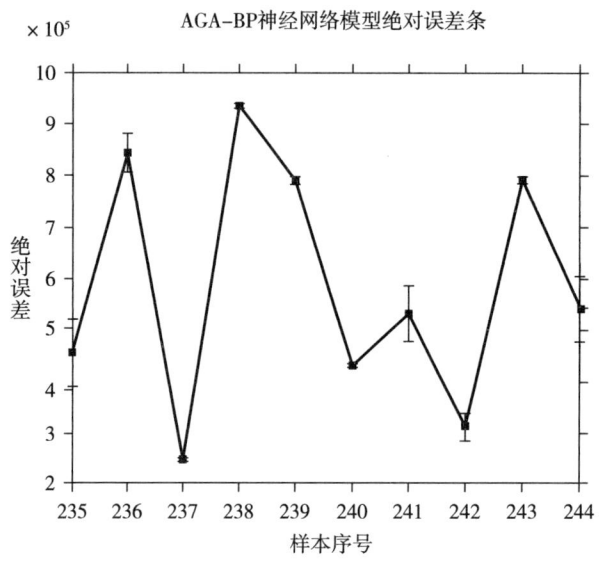

图 2-15　预测样本不同模型绝对误差对比（续）

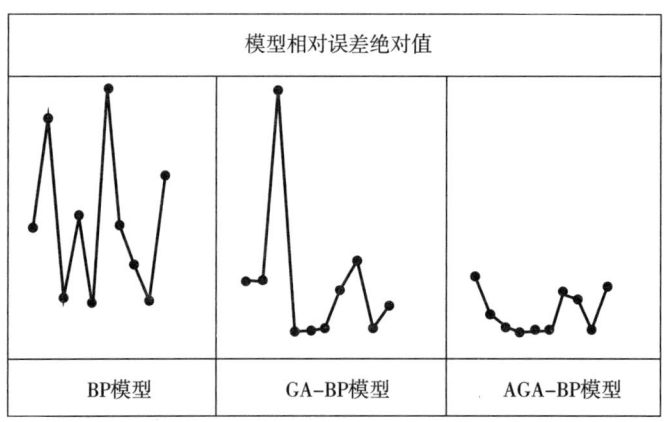

图 2-16　预测样本不同模型相对误差绝对值对比

越来越小。除此之外，BP 神经网络模型、GA-BP 神经网络模型和 AGA-BP 神经网络模型的平均绝对误差（MAE）分别为 162887.98、49187.83、26641.56，平均相对误差（MAPE）分别为 27.24%、12.55% 和 5.25%。显然，AGA-BP 神经网络预测模型的各项误差指标值均优于 GA-BP 神经网络模型和 BP 神经网络模型的误差计算结果，说明层层优化后的 AGA-BP 神经网络模型预测仿真效果最好，预测精度明显提高，能够较好地揭示数据资源价格的走势变化。

从图2-15可以看出，BP神经网络模型、GA-BP神经网络模型和AGA-BP神经网络模型的绝对误差条呈现越来越小的趋势，即随着算法的改进仿真误差越来越小，越来越接近期望值。由图2-16分析可得，BP神经网络模型、GA-BP神经网络模型和AGA-BP神经网络模型的相对误差绝对值曲线的波动幅度逐渐变小，越来越平稳，并且AGA-BP神经网络模型的相对误差绝对值曲线处于GA-BP神经网络模型和BP神经网络模型的相对误差绝对值曲线的下方，说明AGA-BP神经网络模型的预测稳定性和预测精度更好。

六、小结

数据资源作为21世纪的"矿产"和"石油"，其价值评估问题已成为产业界和理论界的难点。本书聚焦于网络平台交易环境下的数据资源价值评估问题，首先，对现有关于数据资源价值影响因素和价值评估方法的研究进行了系统的梳理，发现了现有价值评估方法的不足；其次，基于资源和资产的双重视角，构建了数据资源三维价值评估体系，从智能化价值评估出发，针对大数据交易平台的交易数据，提出AGA-BP神经网络智能化数据资源价值评估模型；最后，以武汉东湖大数据交易中心的244条交易数据为样本，进行了实证研究与模型对比分析。

本章的研究意义包含以下两个方面：①论证了本章所述的数据资源价值影响因素与其价值间的相关关系，并且选取的数据资源价值影响因素均为可量化指标，走出了数据资源价值评估指标主观化、难计量的困境，对今后数据资源价值影响因素的探索具有一定的参考价值。②提供了一种数据资源基于市场历史交易状况进行价值判断的智能化方法，对网络平台交易环境下活跃数据资源交易具有较强的实践意义。AGA-BP神经网络模型在继承BP神经网络自学习、非线性映射能力强的基础上，弥补了其容易陷入局部最优等缺陷，具有预测稳定性强、预测精度高的优点。AGA-BP神经网络模型在仿真能力、误差水平、拟合数据能力等方面都优于GA-BP神经网络模型和BP神经网络模型，实现了数据资源价值的非线性预测及判断，可进一步作为数据资源定价的依据。

本章的研究也存在一些不足：①受指标量化和数据本身的限制，本章选取的数据资源价值影响因素相对有限，因此仅针对部分影响因素进行价值判断。但实际上仍有大量影响其价值的其他因素，尤其是在网络平台交易环境下。

②本书仅选取一家大数据交易中心的交易数据进行实证研究，样本较少，可能存在一定的误差。

后续研究可结合以下三方面深入开展：第一，基于神经网络的数据资源价值评估方法优化研究。BP 神经网络和遗传算法仅仅是众多机器学习方法和优化算法中的一种，还可进一步探索概率神经网络、径向基神经网络等方法和粒子群算法、蚁群算法等优化算法的适用性和结合性。第二，智能价值评估模型的泛化研究。随着数据资源交易的增多，各个交易平台积累的交易记录也越来越丰富，可从不同数据网络交易平台搜集样本，增强实证样本多样性，利用公开大样本数据展开实证研究。第三，多元化评估方法的有机融合研究。各种价值评估方法均有其自身的特点与局限性，仅用任何一种方法单独进行价值评估都会出现偏差，可通过组合评价的方式充分发挥各种方法的优势，利用更多有利于精准价值评估的有效信息，实现各种方法之间的取长补短，从而进一步提高数据资源价值评估的准确性。

第三章 网络平台服务经济环境下技术资源的价值评估

"十三五"时期是我国由知识产权大国向知识产权强国迈进的战略机遇期，我国实施了加强知识产权交易运营体系建设的重大专项行动，不断完善知识产权运营公共服务平台，并依托文化产权、知识产权等无形资产交易场所开展版权交易，审慎设立了版权交易平台。随着"互联网+"等国家政策的推进，我国网络平台服务经济迅速发展，"互联网+"知识产权服务行业平台化、标准化和去中心化的发展趋势日趋明显，以专利为核心的技术交易平台纷纷上线，如技E网、汇桔网和八戒知识产权等，网络平台专利交易成为一种新兴的专利交易模式。与传统的专利交易相比，网络专利交易平台就像一座桥梁一样，可以有效连接供需双方、提供更加完备的服务，降低了专利交易的成本，减少了信息不对称现象，对促进我国科技成果转化具有重要价值。然而，随着平台的快速发展，一些新的挑战也随之而来，如何对网络平台环境下的专利价值进行有效评估成为当前迫切需要解决的问题。目前我国专利交易平台尚未形成成熟、统一的专利交易服务机制，专利价值评估体系存在条块分割、自成一体的现象，并且当前专利交易平台大多是讨价还价、拍卖竞价的单一定价机制，专利定价缺乏科学参考依据。此外，就像学者项枫（2013）所说的那样，平台专利的市场环境、平台中介服务的运行特点以及平台的政府主导属性等都是影响专利价值高低的重要因素，由此专利价值评估不仅要考虑专利自身的价值，还要考虑平台、市场等相关因素，专利价值评估是多方面信息的综合反映。因此，如何准确评估网络平台环境下的专利价值是影响平台发展的关键。

鉴于此，针对技术资源领域，本书选择技术交易平台的核心资源——专利为对象，对网络平台服务经济环境下的专利价值评估展开研究。首先，采用文献计量、社会网络分析、对比分析、归纳总结等方法梳理专利价值评估的国内外相关文献，明确该领域的研究热点并分别对其进行分析；其次，从价值链视角结合网络平台服务经济的特性，构建网络平台专利价值链，研究其价值增值机制，并基于此分析专利价值构成，构建网络平台下的专利价值评估指标体系；最后，充分利用大数据思维采用智能化方法评估专利价值，对网络平台环境下的专利价值评估进行非线性建模,揭示专利价值与各评估指标之间的复杂作用关系,并以网络平台专利交易历史数据为支撑,实现对平台专利价值的精准评估。

一、专利技术价值评估研究概况

(一)发文趋势分析

本书中文献检索的时间节点为 2018 年 7 月 11 日,英文数据来自于 Web of Science 外文数据库,以"Patent Value Evaluation"为主题词进行检索,得到 2003~2017 年共 299 篇外文文献;中文数据来源于中国知网(CNKI)数据库,通过高级检索设定检索条件,以专利价值为主题,并将搜索词设定为精确模式,将来源类别选定为 CSSCI 来源期刊,搜索结果显示 1998~2017 年发表的相关文章共 269 篇。近 20 年国内外相关文献的年发文量如图 3-1 所示,本书在图中绘制了论文增长变化曲线。从图 3-1 可以发现,国内以专利价值为主题的相关文献虽然中间有两年发文量较少,但整体发文量是呈上升趋势的,趋势线回归公式为 $y = 0.0378 x^2 + 1.7192 x - 3.61762$,其判定系数 R^2 的值为 0.8825;国外关于专利价值评估的研究在近 10 年来迅速发展,相关文献年发文量呈指数型增长,趋势线回归公式为 $y = 0.3428 e^{0.3229x}$,其判定系数 R^2 的值为 0.825。由此可见,国内外学者对该领域的关注度都越来越高,这与近年来人们的国际知识产权意识不断增强有关。

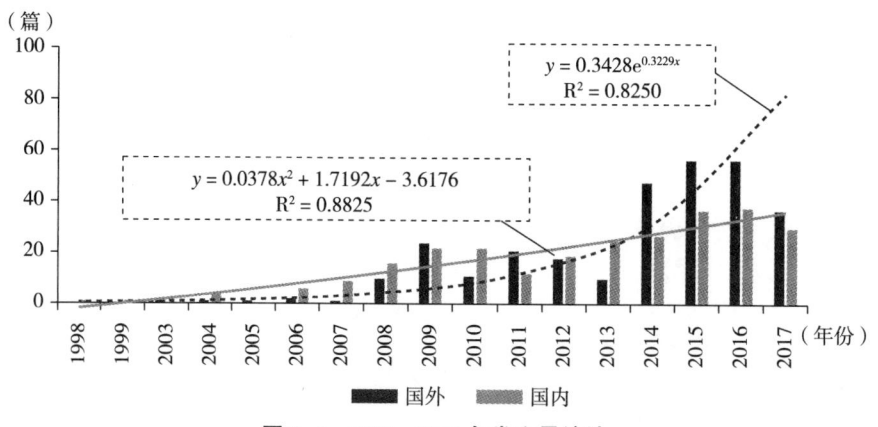

图 3-1　1998~2017 年发文量统计

(二) 研究主题分析

为进一步了解该领域的研究概况,首先,本书通过快速阅读上述 568 篇国内外相关文献的文章题目和关键词,剔除与本书内容不相关的文章 290 篇,最终保留 278 篇文献作为样本进行分析。其次,本书利用 Bicomb 2 软件提取每篇文章的关键词,将外文文献的关键词翻译成中文,并请相关专家进行检查修改以保证准确性和学术性。最后,对本书关键词列表进行处理,剔除无关词汇、调整不规范词汇、合并相同含义词汇,并利用 Excel 进行关键词词频统计排序,排在前 10 的高频关键词如表 3-1 所示,其占词汇总量的 34.62%。

表 3-1 关键词词频统计

序号	关键词	词频
1	专利价值	71
2	专利	65
3	专利价值评估	61
4	法律价值	49
5	专利价值评估指标	37
6	技术价值	32
7	经济价值	30
8	企业	27
9	专利价值评估方法/技术因素	26
10	专利价值评估指标体系/知识产权战略	23
累计百分比	34.62%	

另外,本书采用社会网络分析的方法,运用 Bicomb 2 软件生成关键词矩阵,利用 Pajek 软件分析矩阵数据,构建关键词间关系网络,分析归纳出专利价值领域的主要研究内容。本书所选取的词频 ≥2 的关键词有 57 个,本书根据式 $C_c(v_i) = \dfrac{(N-1)}{\sum_{j=1, j \neq i}^{N} d_{ij}}$ 计算关键词的中心性,其中,$C_c(v_i)$ 表示节点 v_i 的中心性,N 表示网络中的节点数,d_{ij} 表示节点 v_i 到 v_j 的最短距离。同时,本书借鉴文献的

方法，根据关键词中心性将节点划分为三个层次，$C_c(v_i) \geq 0.61$ 的节点●为核心节点，$0.61 > C_c(v_i) \geq 0.51$ 的节点●为中心节点，$C_c(v_i) < 0.51$ 的节点○为边缘节点，并构建了关键词之间网络关系图，具体如图 3-2 所示。

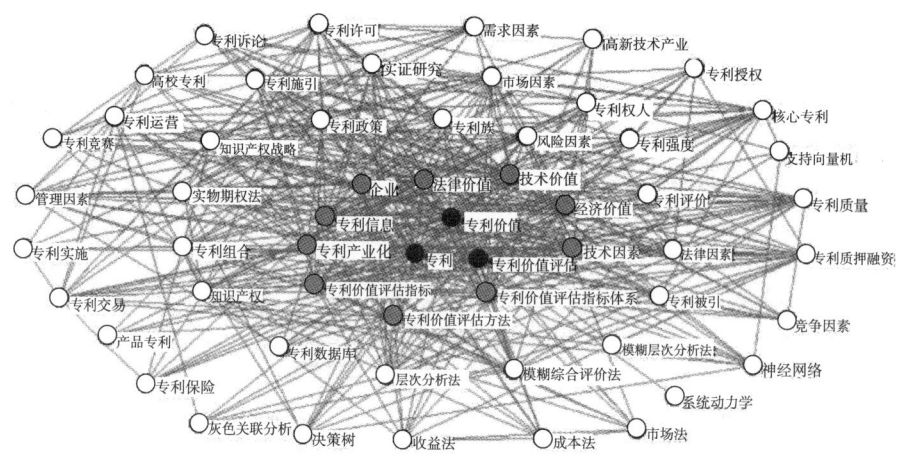

图 3-2　关键词中心性层次分布网络

由图 3-2 可以看出，核心节点有 3 个，分别为专利、专利价值和专利价值评估，其中心性分别为 0.81、0.80 和 0.78，说明它们在网络中的重要程度相近；中间节点有 10 个，占总数的 17.5%，其中包括专利信息、专利产业化、专利价值评估指标及专利价值评估指标体系等，表明它们在专利价值领域中处于比较重要的位置；边缘节点有 44 个，占总体的 77.2%，边缘节点相对较多说明关于专利价值领域的相关研究内容具有多样性。本书进一步分析网络节点发现：技术价值、法律价值、经济价值等中间节点具有较高的度，表明这些研究点的关注度都较高，是专利价值领域的研究热点问题；尽管边缘节点实物期权法、层次分析法、模糊综合评价法、市场因素、风险因素、管理因素等中心性较低，但是它们的度都相对较高，与其他关键词联系较为密切，体现出该领域关于专利价值评估方法和专利价值影响因素的研究也有很多。

综上，专利的技术价值、法律价值、经济价值是专利价值的主要研究内容，专利价值评估指标体系、专利价值评估方法等已经成为专利价值评估的研究热点。鉴于此，本书将围绕专利价值内涵、专利价值评估指标体系和专利价值评估方法三个方面分别对专利价值评估相关理论研究进行综述。

二、专利价值评估相关理论研究综述

(一) 专利价值内涵界定

由于专利价值具有时效性、不确定性和模糊性,一直以来,学术界对专利价值内涵的界定都尚未形成定论。本书通过梳理国内外专利价值领域的相关文献,以时间轴为主线提炼出了关于专利价值内涵的代表性研究,具体如图3-3所示。

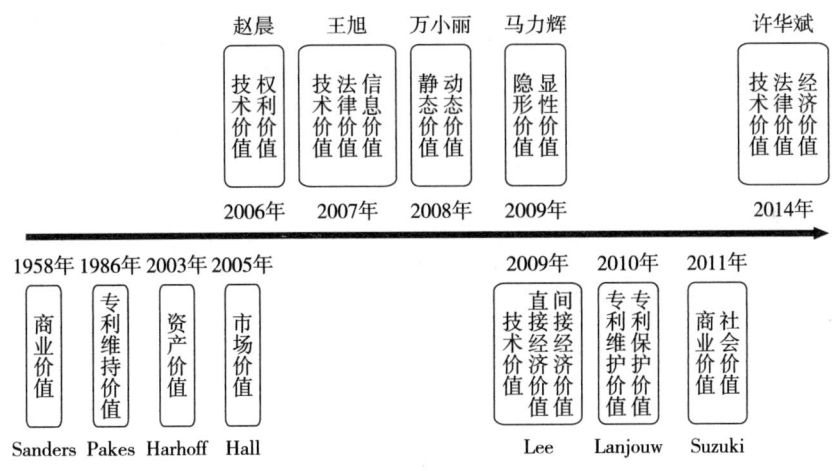

图3-3 专利价值的内涵

早在20世纪50年代末,国外学者Sanders等(1958)首次对专利价值进行了较为系统的研究,他们发现半数以上专利被用于商业,并且不同专利间的商业价值差别较大。Pakes和Schankerman(1985)引入专利维持信息来研究专利价值,他们认为,专利具有法定有效期,专利权人必须通过支付年费来保持专利有效,专利权人将根据专利收益与专利维持费的变化趋势选择是否继续缴纳专利费,因此可利用专利维持价值表示专利价值。Harhoff等(2003)从专利交易视角将专利价值归类于资产价值,认为专利价值应包含专利权人亲自实施专利和完全转让专利两种状态下的收益,并将专利权人在两种状态下收益的差值定义为专利价值。Hall 等（2007）通过分析影响企业市场价值的因素，发现企业市场价值和专利引用呈正相关关系，认为专利价值包含市场价值，并可用无形资产评估方法对其进行估算。Lee（2009）认为，专利价值涉及技术价值、直接经济价值和间接经济价值三个方面，其中，直接经济价值包括专利权使用费及专利权使用收入，间接经济价值则通过专利维持信息进行评估。Lanjouw（2010）通过对计算机、纺织等四个技术领域的专利价值进行估计，认为专利价值应包含专利维持价值和潜在专利诉讼的法律保护价值。Suzuki（2011）则认为，专利价值不仅包括专利给企业、私人带来的商业价值，还应包括体现专利创新性并反映专利社会价值的技术知识价值。

国内关于专利价值的研究相对较晚，赵晨提出专利价值兼及专利的技术价值和权利价值。王旭（2007）认为，专利是包括信息、技术和法律三位一体的概念，其中，信息价值体现在专利对企业有重要的情报价值，不仅有利于企业准确掌握产业技术发展的现状和竞争对手的技术实力，还可帮助其避免专利侵权和专利欺诈。万小丽和朱雪忠（2008）认为，专利价值既有专利运营给企业带来盈利的动态价值，也有专利信息给企业发展战略带来的静态价值。马力辉等（2009）提出，专利价值包括增加经济效益的显性价值，以及体现专利技术竞争力的隐性价值。许华斌和成全（2014）通过分析 1993～2014 年近 20 年来国内外专利价值领域的相关文献，并结合我国国家知识产权局提出的专利价值分析指标体系，认为专利价值涵盖技术价值、法律价值和经济价值。

综上所述，专利价值的内涵可以分为狭义和广义两种。狭义的专利价值仅从经济学意义上界定，狭义的专利价值表现为专利在市场环境下给其所有者或使用者带来的预期收益。广义的专利价值则包含了法律价值、技术价值和经济价值三个方面：首先，专利具有技术价值，这源于专利技术的自身固有属性，包括新颖性、创造性和实用性；其次，法律赋予专利权人在专利有效期内的独占权益产生法律价值；最后，专利的技术价值、法律价值在专利商品化、产业化、市场化运营过程中带来的预期收益为其经济价值。从整体上看，专利的技术价值是根本基础，法律价值是前提保障，经济价值是最终目的，它们之间相辅相成，共同构成了专利价值。

（二）专利价值评估指标体系构建

本书通过对相关文献进行梳理发现，国内外学者们关于如何构建专利价值评估指标体系的研究，可归纳为两大视角：单维视角和多维视角。据此，本书对相关研究视角进行了梳理（见图 3-4）。

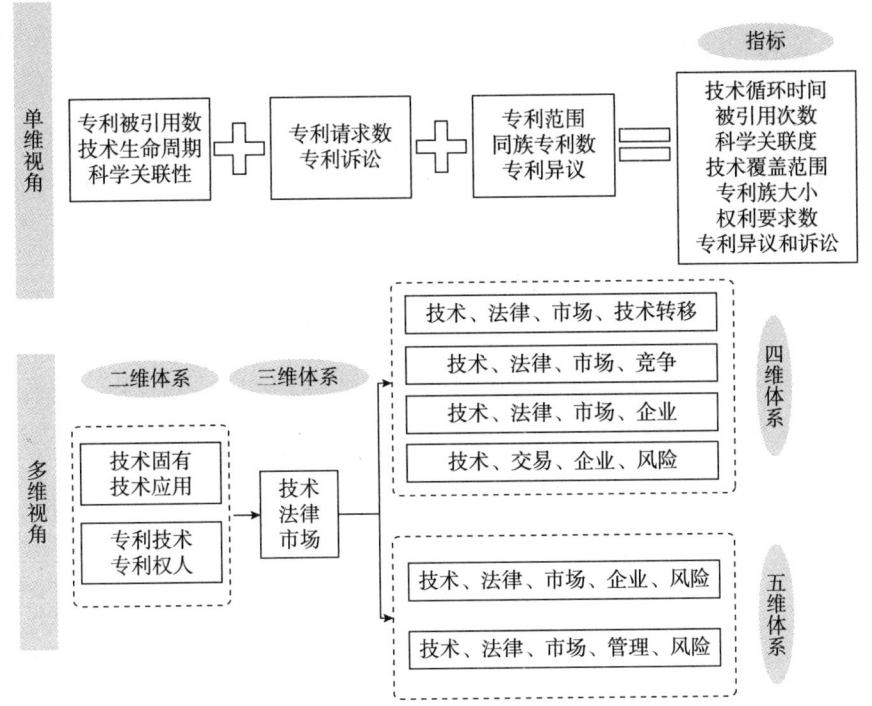

图 3-4 专利价值评估指标体系构建视角

单维视角是指不区分专利的价值构成，综合多个专利价值评估指标，建立一维的专利价值评估指标体系对专利价值进行评估。20 世纪 70 年代，美国 CHI 联合 NSF 开创了全球首个专利评价指标体系，提出了专利数量、专利平均被引用数、当前影响指数、技术实力、技术生命周期、科学关联性、科学强度 7 项经典的专利价值评估指标，用来评估地区、企业整体的专利价值，其中，专利平均被引用数、技术生命周期和科学关联性可用来评估单个专利价值。之后，许多学者开始在 CHI 专利评价指标的基础上，进一步研究专利价值的评估指标体系。Lanjouw 和 Schankerman（2001）认为，专利诉讼和专利的权利要求数相关，并且被诉讼的专利往往具有更大的市场价值，因此选择专利请求数作为专利价值的评估指标。Harhoff 等（2003）考虑到专利范围是决定专利保护效力的重要因素之一，所以将专利范围、同族专利数、专利异议等列为专利价值的评估指标，并通过大规模德国专利价值调研得到具有影响力的实证结果。随着专利价值评估指标被细分、复合，专利价值的评估指标不断增多。国内学者李清海（2007）针对专利价值评估指标体系构建中存在的指标重复性选取的问题，在已有研究基础上，总结出技术循环时间、被引用次数、科学关联度、技术覆盖范围、专利族大小、权利要求数、专利异议和诉讼 7 项指标对专利价值进行整体性评估。李春燕（2008）则筛选出 29 项专利质量评价细分指标，为构建专利价值评估指标体系过程中的指标选取提供参考。

多维视角是指根据专利价值内涵的不同要素，建立多维度的专利价值评估指标体系。本书通过梳理相关文献，总结归纳出不同维度的专利价值评估指标体系，具体如表 3-2 所示。

表 3-2　专利价值评估指标体系的分类方式

分类 \ 因素	技术	法律	市场	技术转移（交易）	竞争	企业	风险	管理	专利权人
二要素	√								√
三要素	√	√	√						
四要素	√	√	√	√					
	√	√	√		√				
	√	√	√			√			
	√			√			√		
五要素	√	√	√				√	√	
	√	√	√			√	√		

研究发现，所有多维专利价值评估指标体系都包含专利自身的技术要素，二维度专利价值评估指标体系有两种：第一种仅将专利技术要素进行区别划分，例如，Park（2004）以技术的固有因素和应用因素为两个维度构建专利价值评估指标体系，涉及技术本身内在特征和技术使用情况的各项相关指标；第二种则是从专利技术和专利权人两大角度建立专利评估指标体系，虽然综合了专利技术竞争力和专利权人实力，但没有全面考虑到专利价值的其他构成要素。因此，大多数学者（万小丽、许华斌、吕晓蓉等）都是根据广义的专利价值内涵，建立了基于技术、法律、市场三要素的专利价值评估指标体系。其中，技术因素考虑专利技术本身的新颖性、创造性和实用性等对专利价值的影响；法律因素包括专利独立性、保护范围、许可实施状况、专利族规模、法律地位稳固程度等；市场因素主要是指专利技术的市场化能力、市场需求、剩余经济寿命等直接制约专利技术市场价格的因素。在实际应用中，国家知识产权局和中

国技术交易所于 2012 年联合出版的《专利价值分析指标体系操作手册》，就是从专利的法律价值、技术价值和经济价值这三方面建立了包含 18 个评价指标的专利价值评估指标体系。

也有较多学者基于上述三要素对专利价值的影响因素进一步细分添加，如企业因素、风险因素、需求因素等，建立基于四种要素的专利价值评估指标体系。Hou 和 Lin（2006）通过研究专利评估中参数的使用频率，将专利价值评估的影响因素划分为技术因素、市场因素、法律因素和技术转移相关因素四大类，其中，技术转移主要是指不同的专利使用模式。李振亚等（2010）综合考虑了技术、法律、市场、竞争四大要素，其中，竞争要素以技术的可替代性为评价指标。李志鹏（2016）在技术、法律、市场的基础上添加了企业要素，建立了用于专利质押融资的四维专利价值评估指标体系。李秀娟（2009）则是将影响专利经济价值的因素进行细分，认为专利价值的影响因子除了专利技术本身以外，还包括企业、交易和评估风险相关因素，其中，企业要素是指企业的技术开发实力、企业相关知识产权行为以及企业管理能力等对专利价值的影响；交易因素包括专利的转让许可模式等因素对专利价值的影响，也就是技术转让因素；鉴于最终检验专利价值的是市场，因此专利价值评估时需综合考虑包括技术风险、行业风险、市场风险、制造风险、金融风险等一系列风险因素。还有部分少数学者建立了五维度的专利价值指标体系，张彦巧（2010）综合专利价值评估的可量化指标，建立了技术、法律、市场、企业和风险五维度的定量专利价值评估指标体系。苑泽明（2012）将与企业有关的管理因素细分出来，提出以技术、法律、市场、风险和管理五个维度构建专利价值评估指标体系，其中，管理因素包括质量管理体系和管理者素质。

综上所述，专利价值评估指标体系的研究视角由单维视角发展到多维视角，其中，三个及以上维度的专利价值评估指标体系使用较为广泛，大多都包含专利价值内涵下的技术、法律、市场三个维度，仅在其他维度选择上有所差异。虽现已有了许多专利价值评估指标，专利价值评估指标体系的完整性也不断增强，但同时要注意避免不同维度下指标选取的重复性和冗余性。

（三）专利价值评估方法研究

本书筛选出以"专利价值评估方法"为文章主题内容的 50 篇文献进行详细阅读，总结归纳出三大类专利价值评估方法，即经济学方法、综合评价法、其他新兴评估方法，在进行频率统计时分别对这三类评估方法进行细分描述和优劣势比较分析，统计分析结果如表 3-3 所示。

表 3-3 专利价值的评估方法

评估方法	频率	方法细分	优劣比较
经济学方法	42%	成本法	操作简单，但偏差较大
		市场法	易被接受，但技术交易市场体系尚不完善
		收益现值法	采用较为广泛，但参数预测难度较大
		实物期权法	考虑选择权价值，有较高准确度，但公式复杂，参数估计带有主观性
综合评价法	30%	二元分类评估法	定性定量相结合，综合价值度高
		层次分析法	最为常用，但确权的主观性强
		主成分分析法	降低了主观因素对评价结果的影响
		熵权法	
其他新兴评估方法	28%	机器学习法	可靠性、科学性强，但研究尚浅，仍需深入研究
		引用网络法	有效性强，效率高
		系统动力学方法	实现动态评估，易于计算
		灰色系统理论	评价结果更加客观公正

1. 经济学方法

专利价值评估的传统经济学方法包括成本法、市场法、收益现值法。但由于专利技术的高度不确定性，传统的经济学方法无法准确评估专利价值，因此实物期权法被引入专利价值评估研究中。

（1）成本法。成本法是指在评估资产时按被评估资产的现时重置成本扣减各项贬值来确定资产价值的方法，用于专利价值评估的基本计算公式 $V = RC - W$，其中，V 是专利价值，RC 是重置成本，W 是损耗。成本法计算专利价值虽然操作简单，但由于专利作为无形资产其折旧不易计量、成本构成复杂、重置成本获得不准确，导致用此方法评估专利结果差异较大，有时甚至会严重偏离资产真实价值；况且开发专利的目的是获取利润，不会仅以专利技术研发申请成本作为交易价格，因此重置成本法会低估专利价值，此方法只适用于单个专利技术项目成本计算。

（2）市场法。市场法是指通过参考现行专利技术交易市场中多个类似专利的交易价格，并根据待评估专利的自身特点进行适当调整后确定其价格。其基本计算公式为 $V = HP - AV$，其中，HP 是同类专利历史价格，AV 是调整金额。该方法得到的评估值易于被接受,但由于我国目前尚缺乏完善的无形资产交易市场体系,缺少交易案例等参照物及必要数据,因此现行市价法评估专利的价值有时并不适用。

(3) 收益现值法。用收益现值法评估专利的价值,就是将专利在剩余有效期内的预期总收益转换成评估基准日的现值。其基本计算公式为 $V = \sum_{i=1}^{n} \frac{KR_i}{(1+r)^i}$,其中,$K$、$R_i$、$r$、$n$ 分别代表分成率、第 i 年可得的预期年净收益、折现率、经济寿命期。收益现值法的优点在于能够着眼于专利未来的预期收益,是目前企业评估专利商业价值的主要方法,其不足之处在于专利剩余经济寿命、分成率等参数的预测难度较大。虽已有学者张彦巧(2009)提出用分级法确定专利收益贡献率,冯丽艳(2011)利用综合评价法确定技术分成率,苑泽明(2012)采用因子分析法确定评估收益分成率,但该方法在使用时还是受主观判断和不可预见因素的较强影响,并且不适用于专利技术自身特点的评估。

(4) 实物期权法。鉴于专利市场环境的动态性和专利作为无形资产的高度不确定性,有学者将股市交易价值评估的期权法用于专利价值评估,一般采用 Black-Scholes 期权定价公式评估专利价值,其公式为 $f = sN(\hat{d_1}) - xe^{-k(T-t)}N(\hat{d_2})$,其中,$\hat{d_1} = \frac{\text{Ln}\left(\frac{s}{x}\right) + \left(k + \frac{\sigma^2}{2}\right)(T-t)}{\sigma\sqrt{T-t}}$,$\hat{d_2} = d_1 - \sigma\sqrt{T-t}$,其中,$f$ 为股票的欧式看涨期权价格,s 为 t 时股票价格,x 为执行价格,σ 为价格波动率,为常数。在专利价值评估中,为能够体现专利实施决策选择权所带来的收益,马忠明(2004)提出用实物期权方法评估专利价值,其基本计算公式为 $F(x,t) = \max\{V(x,t), e^{-pdt}E_t[F(x+dx, t+dt)]\}$,其中,$F(x,t)$ 为期权价值,x 为利润流,t 为当前时刻,p 为折现率。鉴于 BS 期权定价公式来源于金融资产评估,而专利具有独占性和专有性,周英男(2007)提出专利初始静态价值的实物期权评估模型,帮助解决了传统价值评估方法未能充分考虑专利自身特点的问题。考虑到被证券化专利具有较强的决策灵活性,靳晓东(2011)将被证券化专利视为美式看涨期权并建立其单一专利实物期权定价模型。

由此可见,实物期权法评估专利价值,不仅考虑了市场的动态性,还充分反映了专利决策的选择权价值,因此评估结果更具合理性和准确性。但该方法同样面临许多问题,例如受到多种假设条件的限制、数学公式复杂难以计算、一些参数估计带有主观性等。

2. 综合评价法

综合评价法是一种较为常用的专利价值评估方法，它通过构建专利价值评估指标体系分析专利价值的影响因素，采用层次分析法、因子分析法、主成分分析法等与模糊综合评价法相互组合，对专利价值进行评估。

综合评价法当中最常见的是层次模糊综合评价法，此方法的具体步骤包括：首先，建立一个比较全面、系统的专利价值评估指标体系，并运用层次分析法计算指标的权重，采用相对标度形式，通过专家打分给出相对重要性的定量结果构成判断矩阵；其次，运用模糊集合理论对专利技术进行综合评价；最后，结合模糊综合评价结果计算出专利的实际价值量。万小丽和朱雪忠（2008）、金泳锋和邱洪华（2015）等就是通过构建专利价值评估层次分析模型，并结合模糊综合评价法来评估专利价值的。

主成分分析法、熵权法等与上述方法的不同体现在确定专利价值评估的影响因素及其权重上。吕晓蓉（2014）以中国科学院29年间获得的美国授权专利为统计样本，采用主成分分析法确定各指标权重，建立专利价值评估指标体系，有效避免主观因素给评价结果带来的影响。Zhang等（2017）则基于熵建立专利价值评估指标体系，定量、系统地评价了专利在技术创新中的价值。资智洪（2017）提出的评估专利价值的二元分类评估方法，是采取定量指标和专家打分主客观相结合的方式，分别得到专利定量、定性指标价值度，再将两者结合得到专利的综合价值度。

3. 其他新兴评估方法

（1）机器学习法。随着机器学习的不断发展，应用在专利技术价值评估中的机器学习方法也逐渐增多，包括决策树、神经网络、支持向量机，这类方法主要用于专利价值评估指标的选择及专利价值评估指标体系的构建中。赵蕴华等（2013）把专利价值评估视为一个强度分类问题，采用神经网络、决策树、支持向量机三种机器学习算法对专利价值的评估指标进行选择；胡启超（2013）通过全面分析影响专利成交价格的相关因素，采用BP神经网络程序对指标数据进行模拟，得出专利价值评估的一般模型；国外学者Ercan（2014）基于支持向量机，提出了帮助专利申请者评估专利价值的智能分类模型；邱一卉（2017）则提出一种分类回归树模型用于构建专利价值评估指标体系。机器学习法作为一种新兴的方法用于专利价值评估中，科学性较高、可靠性较强，但目前关于机器学习法的研究尚浅，仍需深入探讨研究。

（2）引用网络法。引用网络法是一种基于专利引文进行专利价值评估的新兴方法。王俨（2008）运用社会网络理论中的向心度和结构空洞分析，结合专利引用特性，构建专利引用网络评价专利价值。杨冠灿（2013）提出，专利综合引用网络构建方法评估专利价值较全面且准确度更高。胡小君（2014）基于专利向心引用网络研究专利各指标间的相互关系，多维度地客观分析专利技术价值。冯岭（2015）采用潜在引用网络法动态、高效地评估专利价值。

（3）系统动力学方法。专利价值的形成是一个动态过程，其中，技术、市场和法律等多种专利价值评估影响因素构成了复杂的动态反馈系统。基于此，吕晓蓉（2017）提出利用系统动力学原理和方法开展专利价值评估动态模拟，通过分析专利价值评估的动力学机理，建立专利价值评估的系统动力学模型，是产权交易中一种有效的专利价值评估工具。该方法为专利未来收益预测的不确定性问题提供解决途径，相较于实物期权法模型也更易于计算。

（4）灰色系统理论。学者舒服华（2018）将模糊数学和灰色系统理论这两种方法有机结合进行发明专利价值评价，既能适应评价规则模糊性的特点，又能保证信息不缺失，两者取长补短，提高了评价结果的准确性，使评价结果更加客观公正。

这些新兴评估方法的研究呈现与时俱进的特点，在专利价值评估的科学性、合理性、客观性、有效性、准确性、行业性等方面都有所创新和提高，但目前大多数新兴评估方法仍处于理论研究阶段，缺乏实证研究。

随着网络平台经济环境的发展，学者们对网络平台环境下的专利价值评估及定价方法的研究逐渐兴起，马亚丽（2016）基于双边市场理论以买卖双方和平台市场三大视角提出了不同模式下的网上技术市场定价模型，但该类方法模型定性参数较多，难以准确、客观地获得专利价格；张羽（2018）提出，互联网专利交易具有出让方主导、受让方比较选择和公开市场交易等特点，互联网交易环境对专利定价方法提出新要求，广泛应用的收益法适用性降低，但为采用市场法评估专利价值提供了可行性；李妃养（2018）则提出，可依托平台技术交易数据库，将技术数据分析结果作为其价值评估和定价的参考依据。针对目前的难点，一些平台也提出了自己的做法：技 E 网依托中技所的专利价值评估体系，通过专家打分对专利价值进行综合评价；科易网基于无形资产评估理论利用收益法评估专利投资价值。但这些方法仍采用传统的解决思路，面对网络平台环境专利数量庞大、种类繁多、持续更新以及供需双方不确定等特性，依然存在主观性较强、效用性不高等问题。

综上所述，网络平台下的专利价值评估是学者们关注的热点。在评价方法方面，目前专利交易平台大多数仍是采用传统的经济学方法和综合评价法评估专利价值，但在面对大量专利数据时，评价实践和效果并不理想；智能化的专利价值评估方法尚处于初步研究阶段，已有模型缺乏对有效专利信息的筛选和利用。在评价指标方面，已有研究主要强调专利属性特征对专利价值的影响，

网络平台环境下数据、内容、服务以及技术资源价值评估及定价

没有考虑网络平台特性对专利价值评估及平台定价策略的影响效应。对此，本书基于价值链构建了包含网络平台特性的专利价值评估指标体系，提出了基于灰色关联分析——随机森林回归（GCA-RFR）的专利价值组合预测模型，在充分筛选有效专利信息的基础上对专利价值进行评估，并通过实例验证了该模型具有可行性、适用性以及较高的精准性，以期对网络平台专利价值的精准评估及合理定价提供一定的理论参考。

三、基于价值链的专利价值评估指标体系构建

首先，本书结合网络平台服务经济特性构建了网络平台专利价值链，研究了其价值增值机制，并基于此价值链分析了专利的价值构成，认为网络平台服务环境下的专利价值由技术价值、法律价值、使用价值和平台服务价值组成。其次，在此基础上，本书构建了网络平台下的专利价值评估指标体系，该指标体系共包含16项专利价值评估指标，描述了各项评估指标及其计算方法，保证了所有评估指标的可量化性。

（一）网络平台服务经济环境下的专利价值链构成

鉴于价值链的本质是不同但相关的增值活动总和，因此价值链的增值活动可以分为基本活动和辅助活动两大部分。本书构建了网络平台服务经济环境下的专利价值链（见图3-5），在此专利价值链中，本书将专利的基本活动划分为三个阶段：第一阶段是技术创造阶段，该阶段主要是进行技术研发活动；第二阶段是专利确权阶段，该阶段的专利活动包括撰写专利文件、申请专利权和保护专利权利；第三阶段是专利运营阶段，缴纳年费维持专利活动、专利转让许可等交易活动和专利实施转化活动则是该阶段的专利基本活动。本书将网络专利平台提供的专利信息服务、评价估值服务、专利交易服务和后续跟踪服务等平台服务活动，划为专利价值链增值的辅助活动，平台提供的这些服务活动可促进专利交易达成和帮助实现专利的最终价值。

由此，本书根据专利基本增值活动的三个阶段以及平台服务的辅助性专利增值活动，将专利价值分为技术研发创造的技术价值、专利确权获得的法律价值、专利运营增添的使用价值以及平台服务附加的平台服务价值四大类。

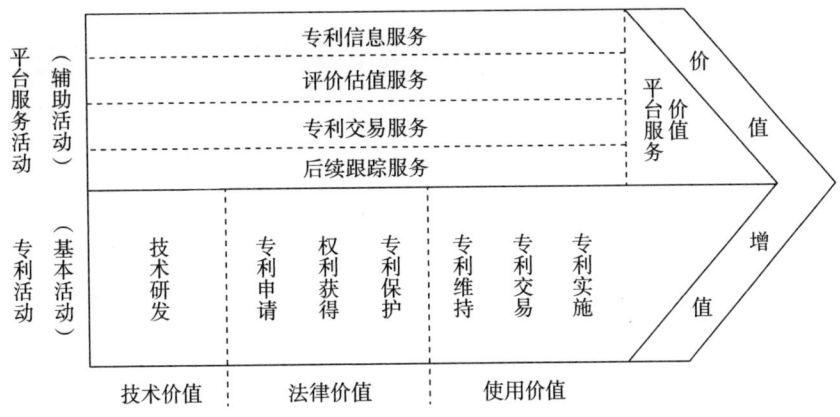

图 3-5 网络平台服务经济环境下的专利价值链

(二) 网络平台下的专利价值评估指标体系

专利价值评估指标体系的构建要遵循全面性、系统性、可操作性、有代表性等一般原则,本书根据网络平台上的各项专利信息以及网络服务平台的相关属性信息,基于上述价值链视角下的专利价值构成,建立了网络平台下的专利价值评估指标体系(见表3-4),并且详细介绍了指标层的评价方式和计算方法,以及各评估指标值对专利价值的影响方向。

表 3-4 网络平台下的专利价值评估指标体系

准则层	指标层	评价方式/计算方法	影响方向
技术价值 X_1	创造性 X_{11}	发明>实用新型>外观设计,分别记为3、2、1	正
	先进性 X_{12}	被引用专利数	正
	独立性 X_{13}	引用专利数	负
	技术应用范围 X_{14}	IPC 分类数	正
	技术含量 X_{15}	发明人数量	正
法律价值 X_2	专利文件质量 X_{21}	专利文件页数	正
	权利保护范围 X_{22}	权利要求数	正
	时间保护范围 X_{23}	专利剩余寿命	正
	地域保护范围 X_{24}	专利家族数	正

续表

准则层	指标层	评价方式/计算方法	影响方向
使用价值 X_3	获利能力 X_{31}	缴纳年费次数	正
	专利权人实力 X_{32}	企业>高校>个人,分别记为3、2、1	正
	可替代性 X_{33}	相似专利数	负
	市场流通性 X_{34}	专利交易次数	正
平台服务价值 X_4	服务公信力 X_{41}	平台年交易量	正
	信息完全性 X_{42}	平台需求登记数	正
	实施保障力 X_{43}	政府主导>市场自发,分别记为2、1	正

专利具有技术价值是专利所固有的自然属性,本书选取创造性、先进性、独立性、技术应用范围和技术含量五项指标作为专利技术价值的评估指标:①创造性。专利分为发明专利、实用新型专利和外观设计专利三大类,一般情况下,发明专利的创造性最高,其次为实用新型专利,最后为外观设计专利,创造性高的专利其技术价值就相对较高。②先进性。在专利公开后,如果一项专利被多次引用,说明该专利在其领域具有很强的先进性,服务于更多的发明创造,具有很强的科学影响力,与技术价值度成正比。③独立性。独立性是专利的必然属性,本书采用专利的前引证文献数量作为评估专利独立性的方法,因为大量引用其他专利的是从属专利的可能性较大,所以其独立性较弱,反之,前引证文献少的专利有成为基础专利的可能,具有较强的独立性,也就具有高的技术价值。④技术应用范围。IPC分类表是国际专利分类表,可用来确定专利的应用范围,若一项专利包含的IPC分类数越多,说明该专利的应用范围越广,技术价值度越高。⑤技术含量。在技术研发过程中,如果一项专利的发明人员数量较多,说明该项技术的复杂程度较高,因此较强的发明人实力体现了较高的技术含量,与技术价值度成正比。

法律价值是从专利权利获得和保护效力角度评估专利价值,本书从专利文件质量、权利保护范围、时间保护范围和地域保护范围四个方面衡量专利的法律价值:①专利文件质量。在专利申请过程中,专利文件质量是影响专利审查的重要因素,一般情况下,专利文件页数越多,对专利技术和权利的说明越详细,不仅有利于专利权获得,也有利于抵御专利异议且在专利诉讼中有据可依。②权利保护范围。在专利申请文件中有准确的权利要求数,权利要求数是衡量专利权利保护范围的常用方法,越多的权利要求数表明专利在越多的技术内容上受法律保护，拥有较高的法律价值。③时间保护范围。被赋予的专利权利是具有一定法律期限的，只有在权利有效期内的专利才受法律保护，因此，专利的剩余寿命是与专利的法律价值成正比的。④地域保护范围。专利权人可以将其专利在多个国家和地区进行专利权申请，以获得更大地域范围的法律保护，由此，形成的专利家族增强了专利的稳定性，因此，同族专利数越多，专利家族规模越大，专利的法律价值越高。

专利权人进行的专利维持、实施转化和专利交易等一系列专利活动都体现了专利在运营过程中的使用价值，本书认为可通过专利的获利能力、专利权人实力、可替代性和市场流通性四项评价指标反映其使用价值：①获利能力。由于专利权需要依靠专利权人每年缴纳年费来获得维持，一旦专利权人停止缴纳年费专利将永久失效，因此一项专利的专利权人如果持续缴纳年费说明该专利具有较高的获利能力，可为其专利权人带来持续较高的收益，是高使用价值的专利。②专利权人实力。它是决定专利能否快速完成实施转化并投入到产业化过程中的重要影响因素，相比于高校、研究所，企业专利权人具有较高的转化能力以及较完备的转化条件，可直接实施专利转化，并且企业专利比高校专利成功商业化的可能性高，因此，专利权人实力与专利的使用价值成正比。③可替代性。它是指专利被其他专利技术替代的可能性，若同类专利很多，说明该专利在市场中的竞争强度较大，在运营过程中容易被其他专利技术替代、淘汰，降低了其使用价值。④市场流通性。专利被转让、许可的次数越多，说明该专利实施转化的机会越多，其在市场的流通性较强，具有较高的使用价值。

通过网络专利平台服务的辅助性活动增加的价值即为专利的平台服务价值，本书利用服务公信力、实施保障力和信息完全性作为评价平台服务价值的三个二级指标：①服务公信力。它是社会大众对专利交易服务平台的信任程度，即平台信誉度，因此可以以平台年交易量衡量其服务公信力，平台年交易量越大说明平台积累的用户越多，平台服务能力水平越值得信任，因此与平台服务价值正相关。②信息完全性。较完善的专利交易服务平台不仅有专利挂牌服务，还提供需求登记服务，促进专利需求双方快速找到合适的交易对象，从而节约交易成本，因此，一项专利在平台上有较多相关技术需求登记，则说明该项专利的供需信息比较完全，体现较高的平台服务价值。③实施保障力。专利交易平台按照其主办机构不同可分为政府主导型和市场自发型，通常情况下相比于市场自发型平台，政府主导型平台的专利交易服务更加规范化，此类平台推动高校机构专利与市场需求有效对接，为专利转化、价值实现提供保障，拥有较高的平台服务价值。

四、基于灰色关联分析
——随机森林回归的专利价值预测模型

(一) GCA-RFR 模型建立

本书提出了基于 GCA-RFR (Grey Correlation Analysis-Random Forest Regression) 的专利价值评估模型,其预测专利价值的具体流程如下:①采用熵值修正 G1 的灰色关联分析法对平台已成交专利的初始样本集进行预处理,在本书构建的价值链视角下的专利价值评估指标体系的基础上,以预评估专利为参照对象,计算平台已成交专利与预评估专利在相应评估指标上的灰色关联系数,并结合由熵值修正 G1 法确定的评估指标权重,进而得到平台已成交专利与预评估专利的灰色关联度,筛选出与预评估专利指标序列相近度大的已成交专利构成 RFR 模型的最终样本集 T。②选择 RFR 模型作为平台专利价值预测基本模型,将样本集 T 中的平台已成交专利的专利价值评估指标作为输入变量,专利的交易价格作为输出变量,实现前者与后者间的非线性关系建模。RFR 是一种基于分类回归树 CART (Classification and Regression Tree) 的集成学习算法,其基本原理是采用 Bootstrap 重抽样法随机选取训练样本,训练生成一系列相互独立的 CART,在 CART 建立的过程中,每个分裂节点随机抽取特征空间里的若干特征向量,选择最优特征进行分裂,在分裂过程中不需要剪枝,最大限度生成 CART,将所有 CART 综合得到 RFR 模型。本书在 RFR 模型中输入预评估专利的价值评估指标序列即可得到专利价格预测值。具体建模流程如图 3-6 所示。

(二) 基于熵值修正 G1 的灰色关联分析法构建专利样本集

首先,采用熵值修正 G1 法确定指标权重。G1 法是一种主观赋权方法,其确定权重的步骤如下:①由专家对各评价指标 x_j 按照重要程度排序,若有 n 个评价指标,则记为 $x_1 > x_2 > \cdots > x_n$;②确定评价指标排序关系后,由专家理性判断相邻指标 x_{k-1} 与 x_k 之间的重要程度之比 $r_k = w_{k-1}/w_k$,其中,$k = n$,$n-1, \cdots, 3, 2$;③根据权重计算公式 $w_n = (1 + \sum_{k=2}^{n} \prod_{j=k}^{n} r_j)^{-1}$,$w_{k-1} = r_k w_k$,

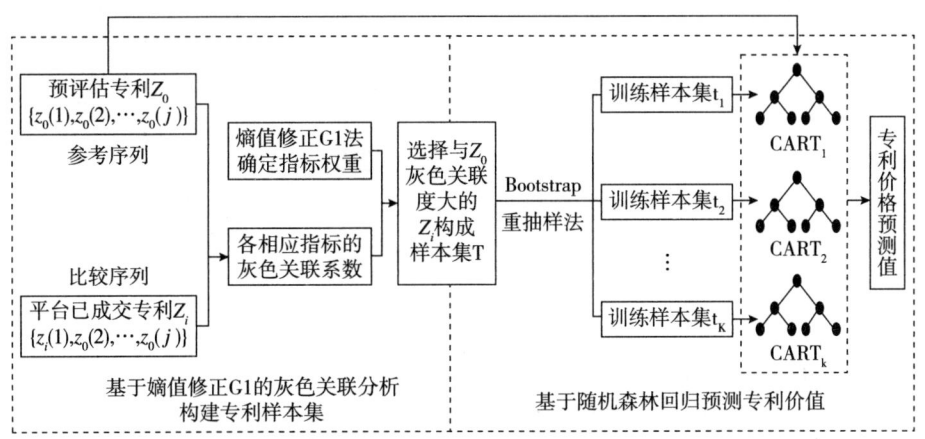

图 3-6　基于 GCA-RFR 的专利价值预测建模流程图

$k = n$，$n - 1$，…，3，2，即可得到评价指标的权重。G1 法的优点在于可通过专家经验清晰简便地评判出评价指标的重要性排序，但由于评估专利价值的评价指标较多，难以准确判断指标间相对重要程度的大小。

因此，本书依据信息熵思想，采用熵值修正 G1 法的主客观相结合的赋权方法，借助专利价值评估指标的客观数据来计算各评价指标的熵值，以信息熵来反映指标的重要程度。计算步骤如下：①设 x_{ij}（$i = 1$，2，…，m；$j = 1$，2，…，n）为第 i 个已成交专利的第 j 项评估指标值；②计算各个评价指标的信息熵，计算公式为 $h_j = -\frac{1}{\ln m} \sum_{i=1}^{m} f_{ij} \ln f_{ij}$，$f_{ij} = \frac{y_{ij}}{\sum_{i=1}^{m} y_{ij}}$（$1 \leq i \leq m$，$1 \leq j \leq n$），并且规定当 $f_{ij} = 0$ 时，$f_{ij} \ln f_{ij} = 0$；③用各评价指标信息熵表示指标的重要程度，由此相邻指标 x_{k-1} 与 x_k 之间的重要程度之比可表示为 $r_k = \begin{cases} \dfrac{h_{k-1}}{h_k}, & \text{当} h_{k-1} > h_k \text{时} \\ 1, & \text{当} h_{k-1} < h_k \text{时} \end{cases}$，

其中，$k = n$，$n - 1$，…，3，2。

本书采用熵值修正的 G1 法确定权重，不仅充分发挥了指标客观数据的信息效用，中和了 G1 法赋权的主观性，增强了评价结果的科学性，同时还避免了单独使用熵值法所带来的缺陷。

其次，采用灰色关联分析法选择专利样本。本书在构建的专利价值评估指标体系基础上，采用熵值修正 G1 的灰色关联分析法选择关联度较高的专利集合

成样本，具体步骤如下：

（1）数据的标准化处理。将预评估专利与已成交专利的价值评估指标数据进行标准化处理，将评价结果呈正相关的指标称为效益型指标，其数据标准化的公式为 $y_{ij} = \dfrac{x_{ij} - \min\limits_{1 \leqslant i \leqslant m} x_{ij}}{\max\limits_{1 \leqslant i \leqslant m} x_{ij} - \min\limits_{1 \leqslant i \leqslant m} x_{ij}}$。其中，$m$ 为已成交专利的数量；将评价结果呈负相关的指标称为成本型指标，其数据标准化的公式为 $y_{ij} = \dfrac{\max\limits_{1 \leqslant i \leqslant m} x_{ij} - x_{ij}}{\max\limits_{1 \leqslant i \leqslant m} x_{ij} - \min\limits_{1 \leqslant i \leqslant m} x_{ij}}$。

（2）计算预评估专利 Z_0 与每个已成交专利 Z_i 在相对应评估指标上的绝对差值，即 $|z_0(j) - z_i(j)|$，其中，$j = 1, 2, \cdots, n$。

（3）计算两级最小和最大差，即 $\min\limits_{1 \leqslant i \leqslant m} \min\limits_{1 \leqslant j \leqslant n} |z_0(j) - z_i(j)|$ 与 $\max\limits_{1 \leqslant i \leqslant m} \max\limits_{1 \leqslant j \leqslant n} |z_0(j) - z_i(j)|$。

（4）计算预评估专利 Z_0 与已成交专利 Z_i 在各项相应评估指标上的关联系数 s_{ij}，计算公式为 $s_{ij} = \dfrac{\min\limits_{1 \leqslant i \leqslant m} \min\limits_{1 \leqslant j \leqslant n} |z_0(j) - z_i(j)| + \rho \max\limits_{1 \leqslant i \leqslant m} \max\limits_{1 \leqslant j \leqslant n} |z_0(j) - z_i(j)|}{|z_0(j) - z_i(j)| + \rho \max\limits_{1 \leqslant i \leqslant m} \max\limits_{1 \leqslant j \leqslant n} |z_0(j) - z_i(j)|}$，其中，$\rho$ 为分辨系数，其值在 0 到 1 之间，通常取值为 0.5。

（5）综合所有评估指标的关联系数，根据公式 $\gamma_i = \sum\limits_{i=1}^{n} w_j s_{ij}$ 得到预评估专利与已成交专利的关联度，其中，w_j 为每项评估指标关联系数的权重，本书则采用上述的熵值修正 G1 法确定各评估指标的权重大小。

（6）计算预评估专利与每个已成交专利间的关联度，选择关联度 $\gamma_i \geqslant$ 阈值 r（本书 r 取 0.85）的已成交专利构成模型样本集 T。

（三）基于随机森林回归的价值预测

利用 RFR 模型预测专利价值的具体步骤如下：①设置回归树的数量值 K，采用 Bootstrap 重抽样法从上述通过 GCA 得到的样本集 T 中随机抽取 K 个训练样本集 $t_1, t_2, \cdots, t_K$，保证每个训练样本集中的样本数量与原样本集 T 中的样本数量一致。在进行 Bootstrap 重抽样时，每个样本没被抽到的概率为 $\left(1 - \dfrac{1}{N}\right)^N$，当 N 无限大时，$\left(1 - \dfrac{1}{N}\right)^N \approx \dfrac{1}{e} \approx 0.368$，说明有 36.8% 的样本没有被抽到，这些未被抽到的样本集称为袋外 OOB（Out Of Bag）数据。②随机选取 m 个特征评价指标，训练生成RFR模型。一般m取小于等于$\log_2(M+1)$的最大正整数，其中，M是特征评价指标总数，则m作为CART在当前节点分裂的考察依据，在分裂过程中不需要剪枝，最大限度生成K个CART。③将OOB数据作为测试样本对RFR模型进行误差估计，不需要交叉验证其他单独的测试样本集。利用OOB数据可得到每个回归树的误差估计，取所有CART误差估计的平均值即为该RFR模型的泛化误差。④调节参数K值，确定最终专利价值预测模型。调整模型中CART的数值K，建立多个RFR模型并计算每个模型的泛化误差，选择泛化误差最小的RFR模型为最终专利价值预测模型。⑤输入预评估专利的各项评估指标值，取每个CART输出值的平均值为最终RFR模型的专利价值预测结果，可用公式$F(X)=\dfrac{\sum_1^K f_K}{K}$表示，其中，$f_K$为每个回归树的输出值，$K$为回归树的数量。基于RFR的专利价值预测流程如图3-7所示。

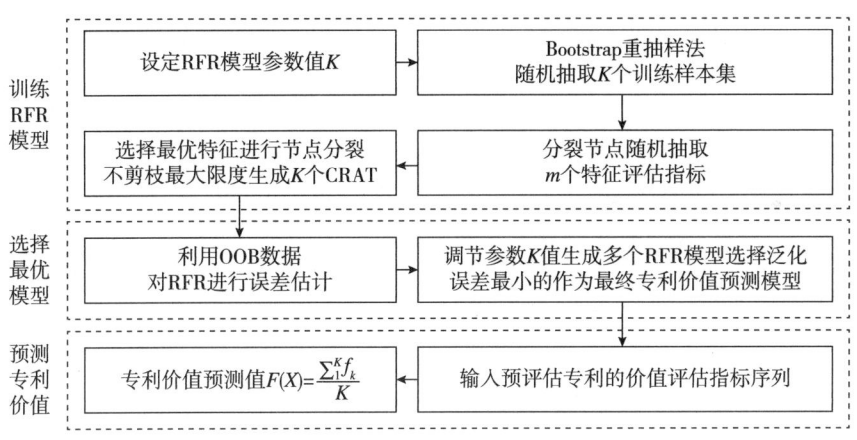

图3-7 基于RFR的专利价值预测流程

五、评估模型有效性验证

(一) 数据获取

本书的数据收集包括两个部分：一部分是通过实地调研、爬虫技术得到平台上已成交专利的专利名称、专利申请号和专利交易价格,以及专利交易平台的主办机构、年成交量和需求登记,该部分数据来源于技E网、八戒知识产权、浙江知识产权交易中心3家网络专利交易平台;另一部分是每项专利在专利价值评估指标体系中的专利指标数据,该部分数据的主要来源是通过中国知网、中国专利网检索的相关专利信息。本书共收集到323条高端设备与先进制造行业的已成交专利数据,选择其中300条数据作为模型的训练和测试样本,23条数据作为验证样本来检测模型的预测效果。

(二) 样本选择和模型建立

第一,本书综合中国技术交易所相关专家的评定意见和专利评估指标的客观数据,采用熵值修正G1法确定了专利价值评估指标体系各评估指标权重。首先,综合专家意见确定了4个准则层的指标重要性次序,即技术价值 X_1 >法律价值 X_2 >使用价值 X_3 >平台服务价值 X_4 ,并确定了其下各指标层的指标重要性次序(见表3-5);其次,计算各评估指标的信息熵值,确定同一准则层下每个评估指标间的重要程度之比,计算出各评估指标对其准则层权重 v_k ;再次,同一准则层下的各评估指标熵值之和为该准则层熵值,同理可计算出各准则层对目标层的权重 $v^{(j)}$;最后,根据公式 $w_k = v_k v^{(j)}$ 得到各评估指标对目标层的权重 w_k 。各评估指标权重的计算过程及结果如表3-5所示。

第二,本书利用灰色关联分析法计算出预评估专利 z_0 与300个已成交专利的关联度,结果如图3-8所示,并且选择灰色关联度大于等于0.85的48项专利构成样本集 T 。

第三,本书采用Bootstrap重抽样法从专利样本集T中随机抽取 $K=500$ 个训练样本集,每个训练样本集中都包含48个专利样本,由于本书专利价值评估指标体系共有16个评价指标,因此回归树在分裂节点随机选取4个特征指标并选择最优特征进行分裂,训练完成后利用袋外OOB数据对模型进行误差分析。此外,本书调整参数K,训练多个RFR模型并计算其泛化误差,选择泛化误差最小的作为最终专利价值预测模型。

第三章 网络平台服务经济环境下技术资源的价值评估

表 3-5 专利价值评估指标权重

准则	指标	标准化数据 专利1	标准化数据 …专利323*	指标熵值	指标对准则层权重 重要性之比	指标对准则层权重 对准则层权重	准则熵值	准则对目标层权重 重要性之比	准则对目标层权重 对目标层权重	权重
技术价值 X_1	X_{11}	0.0000	1.0000	0.9819	1.27	0.2452	4.5747	1.19	0.3054	0.0749
	X_{12}	0.0000	0.0938	0.7755	1	0.1931				0.0590
	X_{15}	0.0526	0.0000	0.9179	1	0.1931				0.0590
	X_{13}	1.0000	0.7895	0.9963	1.10	0.1931				0.0590
	X_{14}	0.0909	0.1818	0.9031	—	0.1755				0.0536
法律价值 X_2	X_{23}	0.2727	0.7273	0.9705	1	0.2555	3.8556	1.02	0.2566	0.0656
	X_{24}	0.1000	0.2000	0.9898	1.04	0.2555				0.0656
	X_{22}	0.2632	0.5263	0.9524	1.01	0.2457				0.0630
	X_{21}	0.0313	0.7813	0.9429	—	0.2433				0.0624
使用价值 X_3	X_{32}	0.5000	0.5000	0.9798	1.02	0.2702	3.7882	1.35	0.2516	0.0680
	X_{31}	0.2667	0.2000	0.9650	1.14	0.2649				0.0666
	X_{34}	0.0000	0.5000	0.8462	1	0.2324				0.0585
	X_{33}	0.9940	0.7229	0.9972	—	0.2324				0.0585
平台服务价值 X_4	X_{43}	0.0000	1.0000	0.9304	1	0.3366	2.8144	—	0.1864	0.0627
	X_{42}	0.1818	0.1818	0.9577	1.03	0.3366				0.0627
	X_{41}	0.5000	1.0000	0.9263	—	0.3268				0.0609

注:*表示一共有323个专利,我们此表中仅列出了第一个和最后一个对应的数据,其余加以省略。

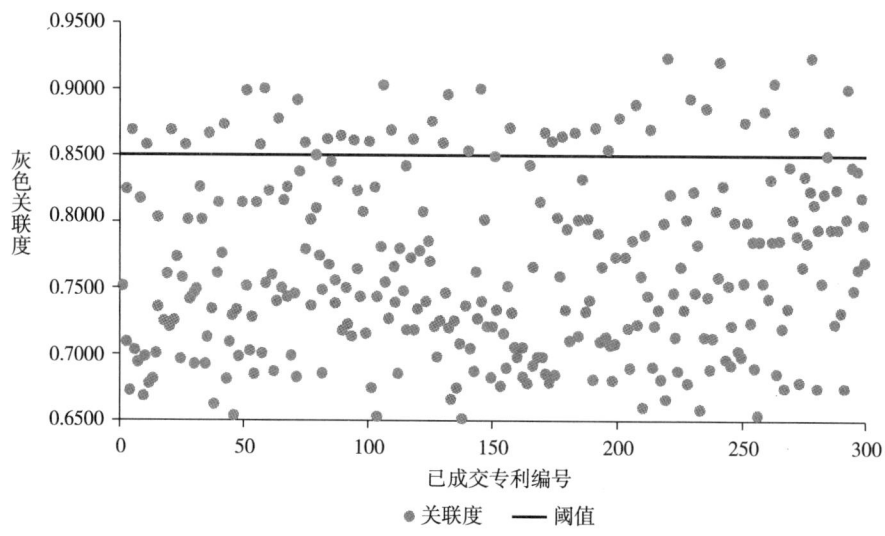

图 3-8 灰色关联度

第四，本书采用平均绝对百分比误差（MAPE）来衡量 RFR 模型预测精准度，其计算公式为 $MAPE = \frac{1}{n}\sum_{i=1}^{n}\frac{|y_i - y'_i|}{y_i} \times 100\%$，其中，$n$ 为测试样本数量，y_i 为实际值，y'_i 为预测值，计算得到参数 $K=500$ 的 RFR 模型的泛化误差为 6.26%，多次调整参数 K 值，得到每个 K 值下 RFR 模型的平均绝对百分比误差，具体如图 3-9 所示。由图 3-9 可以看出，随着 K 值增大 RFR 模型的泛化误差下降，在 K 值取 500 时误差最小，并且当 K 值再增大时，误差则趋于收敛，验证了 RFR 模型不会出现过拟合现象，具有良好的鲁棒性。但如果 K 取值过大会增加 RFR 模型的训练量，因此为保证 RFR 模型的预测精度以及运行效率，本书选择参数值 $K=500$ 的 RFR 模型为最终的专利价值预测模型。

（三）预测结果与分析

首先，本书利用基于灰色关联分析的随机森林回归模型、常规的随机森林模型和传统的 BP 神经网络模型分别对 23 个专利验证样本进行了专利价值预测，其中，BP 神经网络模型的参数和基本函数是根据参考文献进行选取的，最终得出了这三种模型对每个专利的预测结果和相对误差，具体如图 3-10、图 3-11 所示。其次，本书通过计算平均绝对误差（MAE）、平均绝对百分比误差

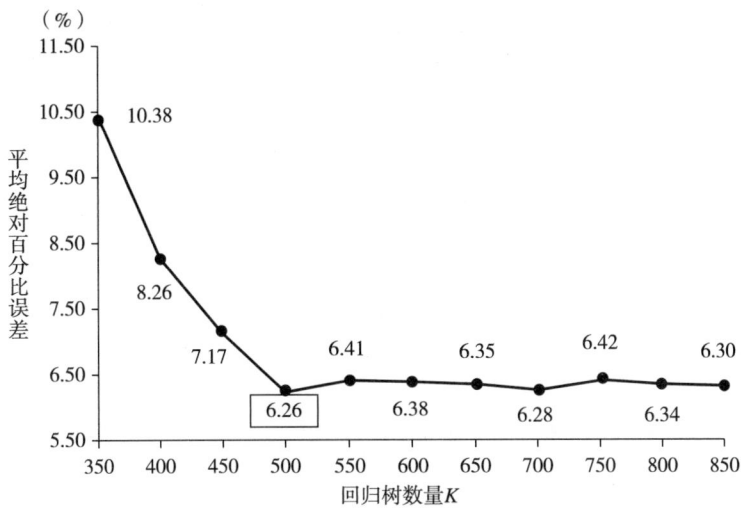

图 3-9 不同 K 值下随机森林回归的平均绝对百分比误差

（MAPE）和均方根误差（RMSE）来比较评价三个模型的预测效果，其中，平均绝对误差（MAE）的计算公式为 $MAE = \frac{1}{n}\sum_{i=1}^{n}|y_i - y'_i|$，均方根误差（RMSE）的计算公式为 $RMSE = \sqrt{\frac{1}{n}\sum_{i=1}^{n}(y_i - y'_i)^2}$，误差比较如表 3-6 所示。

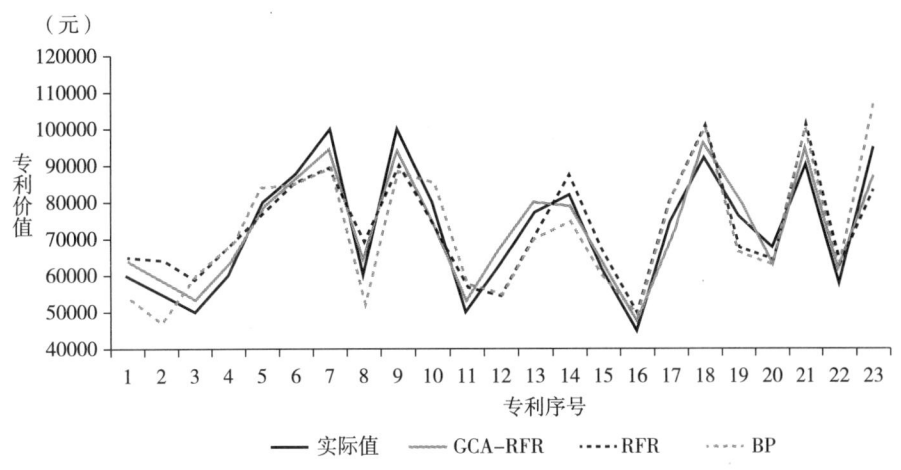

图 3-10 专利价值预测三种模型的拟合曲线

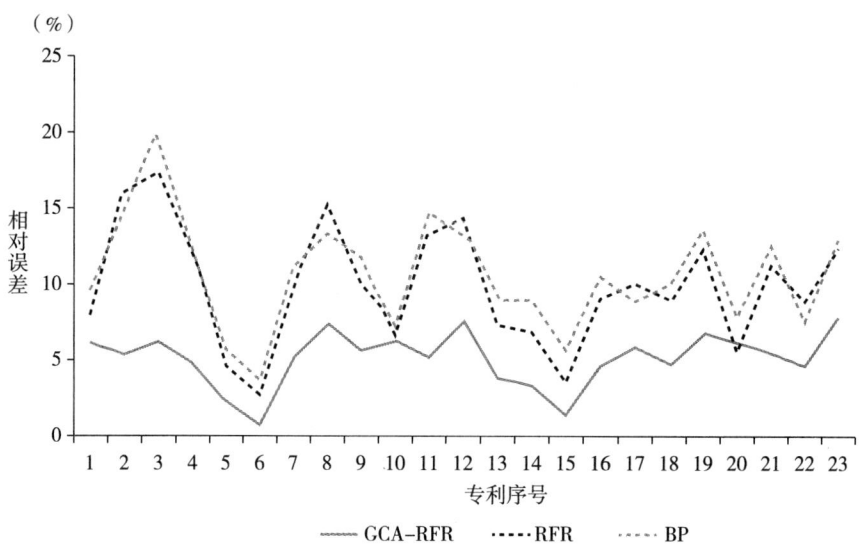

图 3-11 专利价值预测三种模型的相对误差

图 3-10 是这三种模型预测结果的拟合曲线,由此可以看出三种方法中 GCA-RFR 的专利价值预测曲线与真实专利价格曲线拟合效果最好;从图 3-11 也可看出,GCA-RFR 的相对误差明显小于另外两种方法;表 3-6 的误差分析结果显示,GCA-RFR 模型的 MAE、MAPE 和 RMSE 均为三种模型中的最小值,RFR 模型的这三种误差也都低于 BP 神经网络模型。

以上这些表明:RFR 模型比传统的 BP 神经网络模型具有更高的预测精度,这与 RFR 模型调节参数少、样本数据依赖低、具有良好泛化性等优点有关;采用 GCA-RFR 法选择与预评估专利关联度较大的已成交专利构成 RFR 样本集,使得筛选出来的已成交专利与预评估专利在专利价值评估指标序列上具有较高的相似度,因此有利于进一步增强预测效果,降低了专利价值预测误差,并且能够减少 RFR 的运算量,提升 RFR 模型的预测效率。

表 3-6 三种模型的预测误差比较

	GCA-RFR	RFR	BP
MAE	3656.62	6922.69	7474.35
MAPE	5.08	9.84	10.57
RMSE	3981.64	7417.92	7937.38

六、小结

本书丰富了专利价值评估方法的理论研究，提出了一个适用于网络平台专利价值评估的智能化方法，可为平台专利定价提供科学参考和依据，从而促进专利交易达成和专利交易平台发展。

本书构建了体现网络平台特性的专利价值链，在此基础上建立了包含技术价值、法律价值、使用价值、平台服务价值4个一级指标和16个二级指标的网络平台下的专利价值评估指标体系，并采用主客观相结合的熵值修正G1法确定了各评估指标权重，使得评估指标权重的确定更加科学、准确。本书在此专利价值评估指标体系的基础上，提出了基于GCA-RFR的专利价值组合预测模型，与传统线下的专利价值评估方法相比，具有以下4个优点：①综合考虑了专利的基本活动和网络平台服务的辅助性活动对专利价值增值的影响效应，探究了专利技术、法律、使用和平台服务价值的各评估指标与平台专利交易价格的作用机理，在网络平台服务经济环境下的专利价值评估中体现出较强的适用性；②与传统的经济学和综合评价模型相比，本书采用了智能化的评估方法，在挖掘网络平台专利价值评估影响因素的基础上，以专利成交价格反映专利价值，开发仿真算法动态模拟专利交易价格形成的演化过程，具有较强的客观性，也更加适应网络平台专利数量庞大、需求方未知等特性；③与基于神经网络、支持向量机等参数模型的智能专利价值评估方法相比，RFR模型只需设置回归树数量这一项参数值，具有调节参数少的优点，并且当回归树的数量很多时，RFR的泛化误差将趋于收敛，不会发生过拟合的现象，此外由于其随机选取样本和特征指标的随机属性，降低了回归树间的相关性，具有良好的泛化性；④与单独使用RFR模型相比，GCA-RFR模型先采用灰色关联分析法对平台已成交专利集进行预处理，筛选出与预评估专利在指标序列上相似度大的专利构成样本，训练RFR模型，充分发挥了RFR模型需求样本数据少的优势，不仅可显著提高对预评估专利价值预测的精准度，还可以减少RFR模型的计算量，提升其训练效率。

本书构建的基于GCA-RFR的专利价值预测模型，虽具有较高的预测精度，但MAPE仍在5%和6%左右，有继续优化改进的空间。因此，本书认为，未来可在以下两个方面进行研究：①构建不同行业的专利价值评估体系，由于不同行业的专利敏感度不同，因此有必要拉出专利所在的产业链分析专利价值构成，并设立基于行业特征的专利价值评估指标体系；②进一步优化专利价值评估智能算法，提升其价值预测的精准性和泛化性，使其能够适用于知识产权网络交易平台上各行业领域的专利价值评估服务。

第四章 网络平台服务经济环境下服务资源的价值评估

一、服务价值评估研究概况

(一) 发文趋势分析

本书以 2018 年 12 月 15 日为时间节点进行数据收集,其中,中文数据来自于中国知网(CNKI)数据库,以高级检索为限定条件对期刊文章进行检索,以"电子+顾客感知价值""电子+消费者感知价值""平台+顾客感知价值""平台+消费者感知价值""网络+顾客感知价值""网络+消费者感知价值"为主题词,将搜索词设定为精确模式,检索得到 2005~2018 年发表的文章共 255 篇,通过人工判读的方法筛除缺少作者、缺少期刊来源、与研究主题不符的文章,最终得到 225 条有效数据;英文数据来源于 Web of Science (WOS),以"consumer perceived value, online""consumer perceived value, network"为主题词,检索得到 2003~2018 年发表的文章共 1028 篇,同样通过人工判读的方法最终得到 172 条有效数据。利用 Bicomb 2、Pajek、Excel 等软件对上述数据进行处理与分析,得到以网络平台环境下顾客感知价值为主题的研究现状,具体如图 4-1 所示。由图 4-1 可以看出,以网络平台环境下顾客感知价值为主题的国内研究起步相对滞后两年,但中后期的发文量显著高于国外,2010~2012 年的国内外相关研究出现了小幅度的下降,但整体呈上升趋势。国内的发文量趋势线回归公式为 $y = 0.0495 x^2 + 1.2857 x - 1.8732$,其判定系数 R^2 的值为 0.7841;国外相关研究呈现指数上升趋势,其趋势线回归公式为 $y = 0.6577 \, e^{0.2545 x}$,其判定系数 R^2 的值为 0.8978。由此可见,国内外学者对线上顾客感知价值的研究仍然保持着很高的关注度。

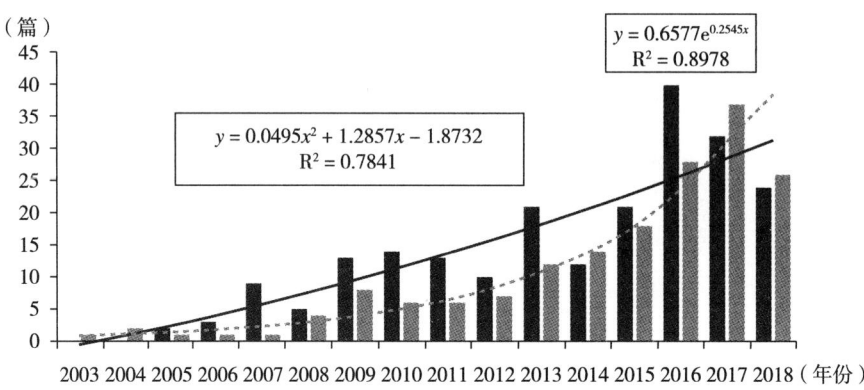

图 4-1　2003~2018 年国内外发文量趋势

(二) 研究主题分析

本书选取了词频 ≥2 的中文关键词共 82 个，词频 ≥2 的外文关键词共 60 个，计算出网络节点的中心性、网络密度和节点平均度。网络节点的中心性计算公式为 $Cc(v_i) = (N-1)/[\sum_{j=1, j \neq i}^{N} d_{ij}]$，反映了节点接近中心的程度，其中，$Cc(v_i)$ 表示节点 v_i 的中心性，N 表示网络中的节点个数，d_{ij} 表示节点 vi 到节点 vj 的最短距离；网络密度计算公式为 $d(v) = 2M/N(N-1)$，反映网络图中各个节点之间链接的紧密程度，其中，$d(v)$ 表示网络平均密度，M 表示网络图中的边数，N 表示网络的节点个数；节点平均度计算公式为 $\bar{d} = \frac{1}{N}\sum_{v \in V} deg(v)$，其中，$\bar{d}$ 表示网络中节点的平均度，N 表示网络中的节点个数，v 表示网络所包含的所有节点的集合，$deg(v)$ 表示节点的度（节点链接的链条数）。

1. 国内关键词网络分布

本书根据中心性大小将国内关键词分为三个层次，中心性 $Cc(vi) \geq 0.5$ 的关键词为核心节点●，中心性 $0.4 \leq Cc(vi) < 0.5$ 的关键词为中间节点◐，中心性 $Cc(vi) < 0.4$ 的关键词为边缘节点○，通过计算得到网络密度 $d(v) = 0.09$，节点平均度 $\bar{d} = 15.12$。如图 4-2 所示，网络的核心节点共有 9 个，分别是顾客感知价值、顾客忠诚、顾客价值、电子商务、顾客满意度、顾客感知、结构方程模型、网络环境、服务质量，其中心性分别为 0.71、0.56、0.55、

0.53、0.53、0.52、0.52、0.51、0.50，顾客感知价值处于绝对核心位置。网络中间节点共 47 个，占总体关键词的 57.32%，其中，感知利得、感知利失、感知风险、信任、因子分析、层次分析等节点具有较高的度，表明价值构成和评估方法在感知价值相关研究中处于重要位置。网络的边缘节点共 26 个，占总体关键词的 31.71%，包括网络零售、全渠道零售、跨境电商、生鲜电商等，这些节点展示了网络平台环境下顾客感知价值研究的具体情境。

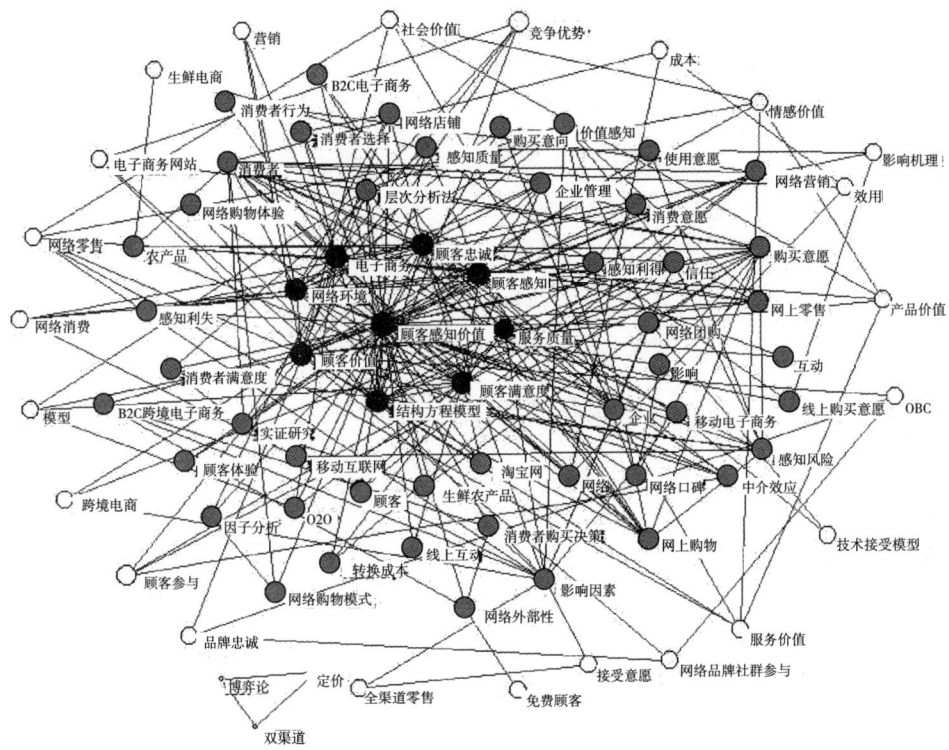

图 4-2 中文数据来源的关键词分布网络

2. 国外关键词网络分布

同样，本书将国外关键词根据中心性 $C_c(v_i)$ 划分为 [0.5, 1)、[0.4, 0.5)、[0, 0.4) 三个层次，网络密度 $d(v) = 0.12$，节点平均度 $\bar{d} = 14.93$。如图 4-3 所示，核心节点共 10 个，分别是 Online shopping（线上购物）、Perceived value（感知价值）、Electronic commerce（电子商务）、Customer loyalty（顾客忠诚）、Perceived risk（感知危险）、Trust（信任）、Purchase intention（购买意愿）、Customer satisfaction（顾客满意）、Satisfaction（满足）、Repurchase intention（重购意愿），各

核心节点的中心性相近，分别为 0.61、0.58、0.58、0.57、0.56、0.55、0.54、0.53、0.53、0.51。网络的中间节点和边缘节点分布较为均衡，各 25 个，均占总体关键词的 41.67%。在中间层节点中，消费者行为（Consumer behavior）、感知质量（Perceived quality）、社会商务（Social commerce）、社会媒体（Social media）、感知利益（Perceived benefits）等关键词的度相对较高，与别的关键词链接较为密切，因此它们也是关注度较高的研究点。在边缘层节点中，度较高的有 Human-computer interaction（人机交互）、Prospect theory（前景理论）、Communication（沟通）等，这些有可能成为国外学者进一步研究的方向。

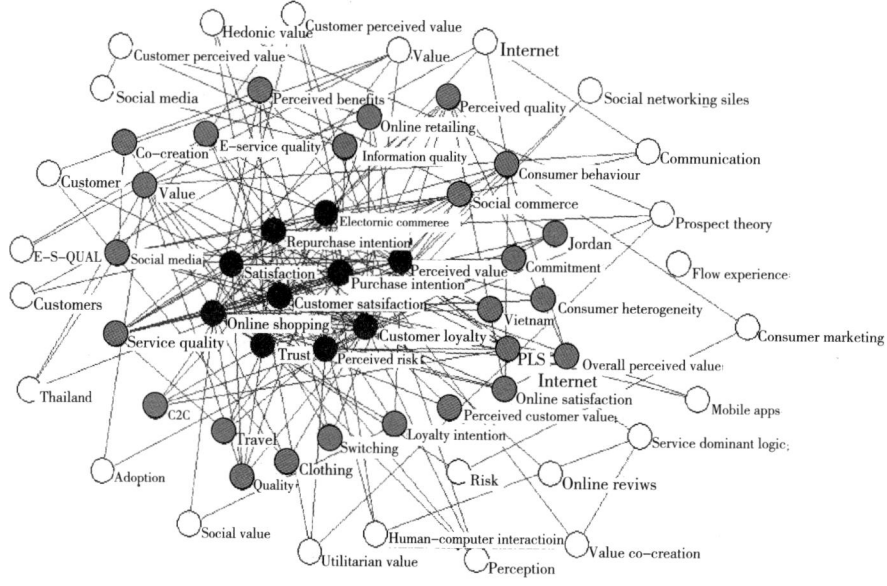

图 4-3　外文数据来源的关键词分布网络

3. 国内外关键词对比

表 4-1 为排序前十的国内外关键词词频统计结果，由表 4-1 可以看出，国内排序前十的关键词累计百分比为 33.8964%，国外排序前十的关键词累计百分比为 22.8507%；代表国内外研究重点的核心关键词的一致性高达 63.16%，如顾客感知价值与 Perceived value、顾客忠诚与 Customer loyalty、电子商务与 Electronic commerce、顾客满意度与 Customer satisfaction、顾客感知与 Perceived risk、网络环境与 Online shopping，表明国内外关于该研究的重点基本相同。从中间层来看，国内中间层节点数约为国外的两倍，说明国内外学者在该领域的研究重点基本一致，但国内研究范围相对于国外更广泛。本书通过进一步分析发现，

国内感知价值相关研究聚焦于价值的构成、影响因素、评价方法以及变量之间的相关关系,国外大多数研究集中在讨论感知价值对顾客消费行为的影响方面。

表4-1 国内外排名前十关键词词频统计

序号	关键词	出现频次	累计百分比(%)	关键词	出现频次	累计百分比(%)
1	顾客感知价值	100	11.2613	Perceived value	42	4.7511
2	顾客价值	36	15.3153	Electronic commerce	28	7.9186
3	电子商务	29	18.5811	Customer loyalty	26	10.8597
4	顾客满意度	28	21.7342	Purchase intention	18	12.8959
5	顾客忠诚	28	24.8874	Perceived risk	16	14.7059
6	网络环境	19	27.027	Trust	16	16.5158
7	消费者	18	29.0541	Online shopping	15	18.2127
8	结构方程模型	17	30.9685	Customer satisfaction	15	19.9095
9	购买意愿	14	32.545	Satisfaction	14	21.4932
10	网上购物	12	33.8964	Repurchase intention	12	22.8507

二、网络平台经济环境下服务价值的内涵

网络平台环境下服务感知价值构成的研究可归纳为三种,即关注感知得利与失利比较的权衡观,关注预期价值与实际价值比较与修正的层次观,将价值看作是整合了认知、情感、象征因素等多维概念的综合观。

(一) 权衡观

权衡观认为,感知价值的核心取决于顾客在消费过程中所感知到的利益与感知到的付出之间的权衡。Zaithaml 从顾客视角提出,感知价值是顾客基于感知所得与感知所予对产品效用的综合性评价,感知所得包含了显著的内部特性、外部特性、感知质量和其他相关的高层次的抽象概念,感知所予包括货币成本

和非货币成本。Philip Kotler（1965）从得利与失利视角出发，提出了顾客让渡价值理论。顾客让渡价值是指顾客总价值与顾客总成本之间的差额，顾客总价值为顾客购买某一产品或服务所期望获得的利益，包括产品价值、服务价值、人员价值、形象价值；顾客总成本为顾客消费过程中所花费的时间、精力、体力和资金，包括时间成本、精力成本、体力成本、货币成本。这两位学者揭示了权衡观视角下的顾客感知价值以及顾客购买行为的潜在规律，为权衡观视角下的研究奠定了坚实的理论基础。

查德·萨勒提出的 S 形值函数是禀赋效应的理论依据，该函数显示人们都是厌恶损失的，即等量的得与失，损失对人的感受远远大于利得对人产生的感受，因此权衡观视角下的顾客感知价值研究重点关注感知失利的构成。如表 4-2 所示，已有的研究将网络环境下的顾客感知失利分为 1~6 个维度，呈现出一维到多维的发展趋势。一维观的代表性学者为董大海，他认为传统权衡观仅考虑了消费者所感知到的非情感性成本，忽略了风险带来的情感性成本，提出了感知失利的一维构成；二维观的主要代表学者为关涛和李武，两人指出信息型产品（如网络游戏、在线搜索、在线付费问答等）具有易垄断、多成本、多对比等特性，此时风险、费用、时间、精力是顾客感知失利的主要构成；三维观代表性学者罗海成、李惠璠认为，顾客感知失利应综合考虑竞争对手因素，要与竞争者在时间、精力和货币三方面进行比较，而 Lei-Yu Wu 将网络交易划分为信息搜索、中期交互、资金托管三个阶段，提出了搜索成本、道德成本（风险成本）、特定货币成本三维感知失利构成；四维观的代表性学者王崇提出了感知失利的评价成本构面，他认为网络环境下的交易需要进行多方的对比，在比较和评价各种商品属性时所付出的或感知到的成本即为评价成本；五维观的代表性学者 Philip O'Reilly、Jari Veijalainen 基于购买决策理论，将感知成本划分为使用成本、学习成本、搜寻成本、评价成本和支付成本；六维观的代表性学者雷兵认为，"网上购物安全、网上购物缺乏亲身体验、费用、消费者需要花费时间学习"是阻碍网络交易的四个因素，他在前人的研究基础上加入产品认知成本和接入成本，形成感知失利的六个维度。

表 4-2 网络平台环境下顾客感知失利构成

维度	构成	代表性学者
一维	感知风险	董大海
二维	购买风险、货币牺牲	关涛
	费用付出、其他成本（时间、精力、风险）	李武

第四章 网络平台服务经济环境下服务资源的价值评估

续表

维度	构成	代表性学者
三维	搜索成本、道德成本（风险成本）、特定货币成本	Lei-Yu Wu
	时间成本、精力成本、货币成本	罗海成、李惠璠
四维	搜寻成本、评价成本、支付成本、风险成本	王崇
五维	使用成本、学习成本、搜寻成本、评价成本、支付成本	Philip O'Reilly、Jari Veijalainen
六维	货币成本、接入成本、学习成本、时间成本、安全风险成本、产品认知成本	雷兵

顾客在网络环境下的风险敏感度远大于传统环境，顾客感知风险是网络环境下顾客感知失利的主要构成。Forsythe 等对感知风险的定义为，某一个消费者对将要从事的某项网上购物活动主观感受的期望损失；崔艳红认为，感知风险是消费者在网上购物活动中主观感知到的不确定性和损失大小。已有的感知风险构面呈现出"产品—平台—顾客"的递进关系，具体如图 4-4 所示。最早的感知风险构面研究聚焦于产品或服务本身，可划分为时间风险、功能风险、财务风险和服务风险四个维度。时间风险是指顾客因为浏览、提交订单、寻找适合的网站或者产品运送延误以及退换货导致的时间损失的可能性；财务风险又称经济风险，包括消费者购买了不符合自己预期的产品或服务的花费和产品使用中出现意外而导致的额外经济损失；功能风险又称产品风险，是指网购的产品在质量、性能等方面达不到期望效果的一种可能；服务风险是指顾客对于网上交易过程中能否得到充分服务的一种担心，来源于产品的售前和售后两个部分。中期感知风险的构面研究增加了风险带给顾客的可能后果，包括心理风险、身体风险和社会风险。心理风险是指顾客做出网上购物决策而带来心理压力和因决策失误而使情感受挫；身体风险是指产品可能对自己或他人的健康与安全产生危害；社会风险是指顾客因购买决策失误而受到他人嘲笑和疏远。后期感知风险的构面研究增加了平台服务所带来的不确定性，包括信息风险和隐私风险两个方面。隐私风险是指平台可能会造成顾客身份、账户信息等的泄露；信息风险是指平台所提供的销售商信息有可能是夸大的，甚至是虚假的。

（二）层次观

层次观认为，顾客在产品使用前的预期价值与使用后的实际价值之间存在层次上的联系与互动，这种联系和互动的质量以及预期价值和实际价值之间的

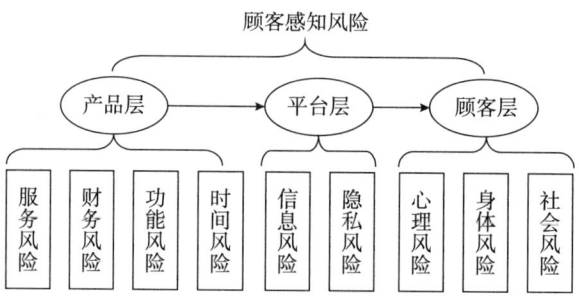

图 4-4 感知风险构面层次图

对比是顾客感知价值的核心内容。层次观的理论基础是 Woodruff 提出的顾客价值层次模型，该模型从价值认知变化的角度阐述了顾客价值，包括属性层、结果层和最终目的层，很好地描述了顾客的期望价值和实际上得到的价值。顾客在购物之前，会先考虑产品或者服务的属性，在购买和使用过程中会根据产品的属性对实现预期结果的能力形成期望和偏好，最后根据这些结果对顾客目标的实现能力形成期望。与权衡观和综合观相比，层次观视角下的感知价值构成研究相对较少，并且相关研究相对集中在 2006~2010 年（见图 4-5）。

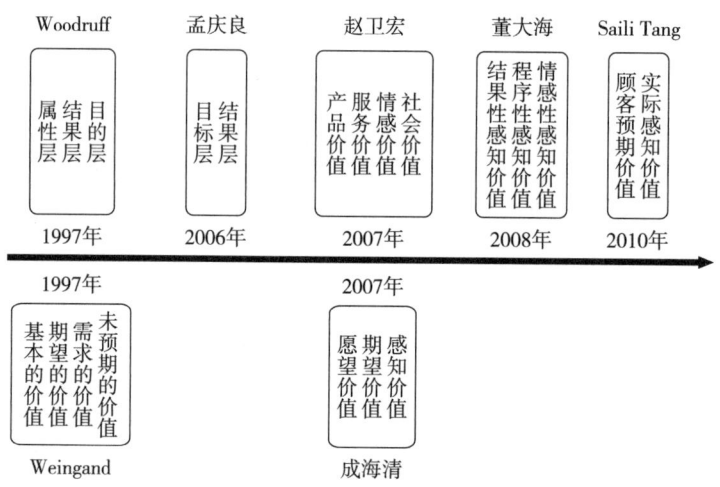

图 4-5 层次观视角下的感知价值构成

在提出层次模型的同年，Weingand 将图书馆的服务价值划分为基本的价值、期望的价值、需求的价值和未预期的价值四个层次；在层次模型的基础上，孟庆良收集了电子商务模式下的顾客价值驱动因素，建立了过程目标—结果目标的感知价值网络模型；赵卫宏则在层次模型位阶结构的基础上，构建了多维度顾客价值位阶结构模型,将网络零售中的感知价值划分为产品价值、服务价值、情感价值和社会价值;成海清认为,顾客购买是一个产生需要—购买决策—售后评价的过程,将顾客价值分为愿望价值、期望价值和感知价值;董大海结合态度模型、TAM 模型和手段—目的链思想,将网络环境下感知价值划分为结果性感知价值、程序性感知价值和情感性感知价值三个维度;Saili Tang 对预期价值和实际感知价值的特点、结构和影响因素进行了分析,结合顾客满意度和顾客行为理论,构造了一个测量顾客预期价值与实际感知价值之间差异的模型。

(三) 综合观

有学者认为,仅从感知得利和感知失利的角度去剖析顾客感知价值不足难以使企业完全把握顾客价值的构成,对顾客感知价值的把握应当从一个整体的角度出发,探索消费者的行为偏好和感知价值。综合观将感知价值看作一个整合了各种认知、情感和象征因素的多维度概念,此时感知价值构成由感知属性决定。在综合观中,技术接受模型(TAM)的两大因素(感知易用性和感知有用性)被广泛借鉴与应用,感知易用性和感知有用性分别阐述了顾客对产品或服务的接受度和满意度,总体反映了产品的功能价值。如图 4-6 所示,在这两大属性的基础上,不同的研究场景还延伸出不同的感知属性(包括社会参与性、娱乐性、安全性和个性化),得出了新的价值构成(包括社会价值、享乐价值、情感价值)。

在社交媒体的影响下,顾客的消费过程不仅只是商品购买,还包括了自我的表达,体现了顾客的社会参与性,催生出感知社会价值。在刘新民基于社会认知理论和价值链理论构建的三维指标体系中,社会价值是指产品带给顾客的社会自我概念增长的效用;在朱简基于顾客满意度指数(ACSI)构建的电子商务顾客价值研究模型中,网站形象和顾客关系是社会价值的主要构成维度;单娟认为奢侈品具有展示自身地位、社会声望,以及区分社会群体的作用,社会价值是数字化时代的奢侈品感知价值的重要构成。

感知娱乐性是指顾客在消费过程中所获得的精神放松与满足。Moon 认为,感知娱乐是顾客接受网络交易模式的关键因素,并提出了感知娱乐的三大构面:好奇性、趣味性和专注性;Hyun-Hwa Lee 认为,购物目的可分为享乐主义和功利主义,享乐价值是享乐主义购物的顾客价值的主要构成;Mahlke Sascha 的研究显示,顾客对网站娱乐性的感知对顾客享乐价值和使用意向有强烈的影响;郭燕认为,感知享乐性、感知有用性和感知易用性是传统零售与"互联网+"

融合模式下顾客感知价值的三大构面。

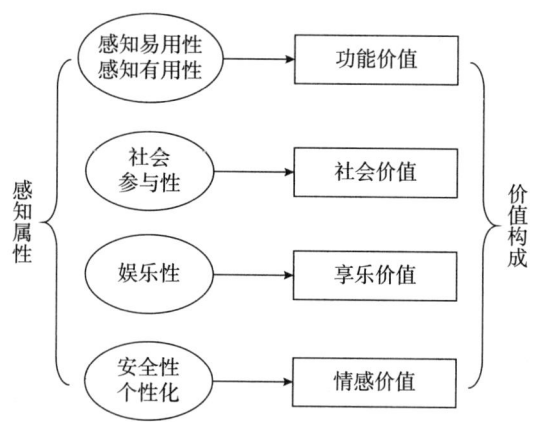

图 4-6　综合观视角下的感知价值构成

顾客感知安全性是交易平台对顾客隐私和信息的保护，个性化是商家对顾客的非一般性要求的适应性调整。安全性和个性化照顾了顾客的情感需求，使顾客产生情感价值。Kim 的研究显示，安全性使顾客产生信任感，特别是在移动数据业务行业；潘旭伟的研究表明，个性化的检索、推荐等服务使得顾客与企业之间建立了学习型的良好合作关系。

为了更好地理解和把握网络平台环境下顾客感知价值的概念内涵，本书对传统线下环境与网络平台环境下的顾客感知价值构成进行比较，具体如图 4-7 所示。两种环境下的顾客感知价值内涵并无显著差异，但其价值构成存在明显的不同。在权衡观视角下，传统环境下的顾客感知失利可归纳为精力成本、时间成本、货币成本、使用成本四个维度，其中，使用成本是指在产品使用过程中顾客所感知到的付出，主要包括学习成本、"劳作"成本、配套成本、维护成本、空间占用成本、心理安全成本以及环境污染成本；网络环境下的顾客感知失利在上述四个维度的基础上增加了搜索成本、风险成本两个维度，其中，风险成本包括服务风险、财务风险、功能风险、时间风险、信息风险、心理风险、隐私风险、身体风险和社会风险。在层次观视角下，两种环境下的顾客感知价值均由基本的价值、期望的价值、需求的价值和未预期的价值构成，其中，期望价值是指顾客期望得到更多额外的价值，如折扣、赠品、售后等，但顾客对传统线下环境中的期望价值的宽容度远大于网络环境，即顾客对网络环境下的期望价值具有更高的要求。在综合观视角下，传统环境下的感知价值由功能价值、情感价值和享乐价值构成，网络环境下的感知价值在上述三个维度的基础上增加了社会价值维度，体现了顾客在社会中的自我表达。

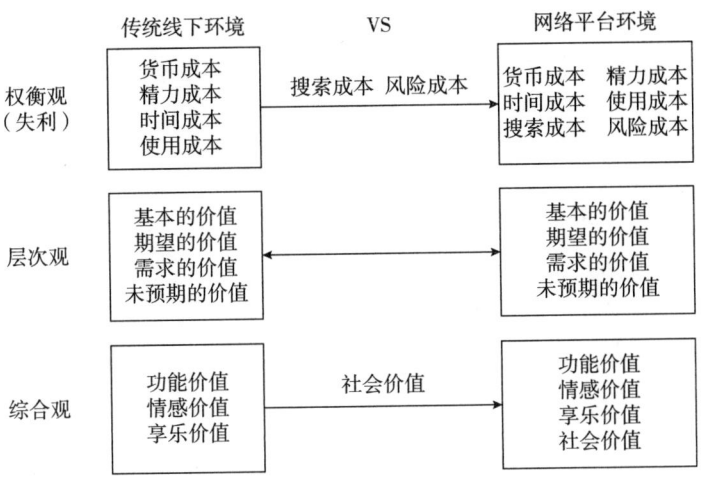

图 4-7　传统线下环境与网络平台环境下的顾客感知价值构成对比

三、网络平台经济环境下服务感知价值的影响因素

服务感知价值对顾客购买决策和重复购买行为的正向影响已被普遍认可，企业可通过控制感知价值的影响因素来提升顾客感知价值，进而提升企业效益，因此有关感知价值影响因素的研究引起了学术界的关注。董大海（1999）指出，顾客感知价值是顾客与产品的互动结果，是在该过程中感知效用与感知成本之比，此时网络交易的发展还处于萌芽阶段。随着网络交易的成熟，顾客感知价值由"顾客—产品"的双方互动发展成为"顾客—平台—产品"的三方互动，平台、产品和顾客组成了网络交易的基本元素。本节从平台、产品、顾客个人三个方面对网络环境下顾客感知价值的影响因素进行梳理。

（一）平台因素

平台为交易提供了一个交互式的环境，成为网络交易中整合信息和资源、协调货物和资金的重要场所，平台服务的质量对顾客感知价值的形成有着重要的影响。目前的研究将影响感知价值的平台因素划分为内在和外在两种。

平台内在因素是指平台给消费者所提供服务的质量，包括平台安全性、对顾客隐私的保护、个性化的服务和信息的质量。孙强从交易前、中、后三个阶段识别顾客感知价值的影响因素，结果显示网站专业性、隐私保护以及安全性正向影响顾客信任，进而影响感知价值；Lei-Yu Wu、王崇、Kim Changsu 等认为，信息搜索成本是顾客感知失利的重要构面，平台所提供信息的质量会通过感知失利影响感知价值；Dan J. Kim、周荣辅等的研究表明，信息的准确性、利益性、趣味性和个性通过感知信任影响感知价值，并且信息质量是与享乐价值关系最密切的因素。

平台外在因素是指平台在长期的经营中给消费者留下的印象，包括平台的口碑、声誉、形象。Tony Ahn、Cao Mei、En-Chi Chang 等对网站的设计性进行了总结，表明电子商店形象负向影响顾客感知风险，正向影响顾客感知价值；铁翠香的研究表明，网站的声誉正向影响网站的口碑传播，网站口碑通过顾客信任正向影响顾客感知价值。

（二）产品因素

网络环境下的产品不仅包括有形的物品，还包括无形的服务、组织、观念或它们的组合。影响感知价值的产品因素可分为三种，即产品的品牌形象，产品或服务的交互质量，产品的个性化程度、质量和价格。

品牌形象是企业与顾客长期相互作用的结果，存在功能性因子和非功能性因子两个有概化意义的维度，其中，非功能性因子对感知价值有直接影响，功能性因子对感知质量有直接影响。产品的品牌形象与顾客感知价值呈正相关关系，李惠璠等的研究显示，企业形象通过感知价值正向影响顾客忠诚，并且企业形象是顾客忠诚的决定性因素；Wi-Suk Kwon 等的研究表明，产品的品牌形象负向影响感知风险，正向影响顾客感知价值。

交互是指消费过程中顾客与服务组织的人员接触，可以定义为顾客与服务人员进行接触并得到关于服务质量印象的那段时间或过程。在 Sivanenthira 所确定的影响感知价值的 12 个因素中，沟通互动是占比最大的因素；肇丹丹、Dahlan Abdullah 的研究显示，建立在互联互通技术之上的"线上互动"对顾客感知价值和重购意愿有正向的影响；HuiXu 的研究表明，交互行为可以显著降低感知风险，提高顾客感知价值和顾客满意度。

目前顾客在市场中占据主导地位，为顾客提供低价格、高质量、个性化的产品成为企业提高核心竞争力的重要举措之一。信息的透明化使得价格战越发激烈，低价的交易减少了顾客感知失利，增加了感知价值。吴锦峰等根据任特马克（Rintamäki T.）的观点，将零售环境下的顾客感知价值划分为省钱和便利两个维度。产品个性化是较之竞争对手在产品整体或产品的某一方面具有该类产品的共性，同时具有其他产品没有的功能与特性，在全渠道零售时代下，企业所提供产品的个性化程度是影响顾客感知价值的重要因素之一。产品质量就是产品的适用性，即产品在被使用时能成功地满足用户需要的程度。在朱简所构建的电子商务顾客价值提升模型中，产品的质量是影响顾客感知价值的主要变量。

（三）顾客个人因素

顾客是消费的主体，平台和产品对感知价值的影响都必须通过顾客个人，顾客个人的、主观的因素会对感知价值的大小产生影响。目前已有的关于感知价值个人影响因素的研究聚焦于顾客的风险态度和行为偏好两点。

风险态度是指人对风险所采取的态度，一般分为风险厌恶、风险中性和风险偏好三种。在权衡观视角下，感知风险是感知价值的重要构面，顾客风险态度通过感知风险影响感知价值。在王崇等构建的购买意愿假设模型中，风险态度通过感知利益与感知风险的中间作用影响感知价值；在高海霞构建的赋权价值购买模型中，顾客根据自己的风险态度赋予感知利得和感知风险不同的权重，赋权后利得与风险的权衡结果即为感知价值。

行为偏好是指顾客对不同产品和服务的喜好程度的个性化偏好，符合消费者偏好的产品能提高顾客的感知价值。王艳芝提出，不同定制的选项呈现方式导致的顾客感知决策难度和定制结果满意存在不同，消费偏好认知度通过顾客感知价值影响顾客对定制型产品的购买意愿；Bonner指出，消费者对产品实施定制的目的是满足自身的异质性消费偏好，以获取更高的主观感受价值；Hartanto Wong的研究表明，与标准型产品相比，与消费者偏好高度匹配的定制型产品更能提高顾客感知价值。

四、服务价值评估的实证研究
——以知识产权服务为例

服务业作为我国贸易发展和产业转型升级的新引擎，其发展正在酝酿更大突破，截至2019年7月，我国服务业对国民经济增长的贡献率为60.3%，成为经济增长的主要驱动力。同时,"十三五"时期是我国由知识产权大国向知识产权强国迈进的战略机遇期,国家明确将知识产权发展规划纳入到了重点专项行动中。知识产权服务作为知识产权生产创作的核心方式,对促进科技创新,推动产业升级,把我国建设成为知识产权创造、运用、保护和管理水平较高的知识产权大国、强国具有巨大的支撑作用。

近年来,随着"互联网+"、科技强国等政策的推广,网络平台服务经济迅速发展,市场上相继出现了如猪八戒、一品威客、优雇联盟等典型的知识产权服务交易平台。但知识产权服务所存在的非标准、无形、易逝、复杂异质、高知识含量等特性,导致其在交易过程中出现了定价主观、低价值评估置信度、低活跃度等一系列问题;此外,我国知识产权服务交易平台尚未形成成熟统一的交易机制,服务价值评估研究存在部分缺失和不成系统等问题。因此解决知识产权服务价值评估问题是促进交易形成、进一步释放交易平台发展潜力的关键。基于此,本书以知识产权服务交易平台上的历史数据为支撑,基于感知价值理论构建网络平台环境下的知识产权服务价值评估指标体系,基于APSO-BP神经网络构建网络平台环境下的知识产权服务智能化价值评估模型。

(一) 知识产权服务的文献综述

1. 知识产权服务的内涵

知识产权也称"知识所属权",是指人们就其智力劳动成果所依法享有的专有权利,通常是国家赋予创造者对其智力成果在一定时期内享有的专有权或独占权。知识产权从本质上说是一种无形资产,其客体是智力成果或者是知识产品,是创造性的智力劳动成果。在国内外学者的相关研究中,关于知识产权服务的定义大致可分为三种。第一种定义以知识产权服务的知识密集、技术专业特点为核心,例如:Den Hertog 认为,知识产权服务是指需要依赖专业知识和技能的知识密集型服务;美国商务部将知识产权服务定义为"以专业的技术、先进的智慧为产品,以推动科学、工程、技术发展的服务,或提供服务时融入科学、工程、技术等的服务";国务院发展研究中心认为,知识产权服务即运用互联网、电子商务等信息化手段的知识服务。第二种定义以知识产权服务的内容为核心,例如:杨武认为知识产权服务是以知识产权法律为基础,为知识产权产出主体提供专利、商标、版权、著作权、植物新品种、软件、集成电路布图设计、民间艺术等知识产权的代理、转让、登记评估、咨询、检索等服务;汪雪锋认为,知识产权服务是通过知识产权的确权、维权、评价(估)、交易、保护、配置等活动,以推动智力成果权利化、商业化、产业化的新型服务;

Miles 等认为，知识产权服务以行政机关或各类社会代理机构为主体，面向社会其他单位、企业、个人提供相关知识产权咨询、注册、评估、认证等服务。第三种定义以知识产权服务业的流程为核心，例如，吴桐等认为，知识产权服务是指知识产权"获权—用权—维权"等相关服务；国家知识产权局和科技部对知识产权服务的定义是专利、商标、版权、特定领域知识产权等各类知识产权"获权—用权—维权"相关服务及衍生服务。

2. 服务价值评估理论

本书通过对服务价值评估理论的相关文献进行梳理分析发现，网络平台环境下的服务交易是使雇主在产品的整个流程体验中获得感知并最终解决问题的过程，服务价值在提升顾客满意、顾客忠诚、顾客契合以及增强企业核心竞争力方面具有不可忽视的影响力。Michael Porter 认为，服务价值取决于顾客的感知和认同；Vargo Stephen 认为，服务价值是由顾客感知到的服务为其创造的且能够被衡量的效益；Basole 认为，服务价值由消费者驱动和决定，并通过价值网络行为者之间的直接或间接关系进行传递。此后，越来越多的学者从顾客视角构建了服务价值模型，对服务价值构成及影响因素进行了探究。Bolton 和 Drew 从服务质量和不确定性经验两个维度对服务价值进行测量，其研究显示，服务质量和服务价值评估的不一致性是由预期和感知性能水平之间的差异所导致的；苏钰、汪波等同时结合了顾客和企业两个视角，构建了服务价值评估模型，认为服务价值企业通过提供高质量、低价格的产品增加顾客感知价值，从而增强企业核心竞争力的循环，包含顾客价值和企业价值两个维度；马爱红认为，服务价值的实现即为企业价值的实现，构建了由客户价值、员工价值、企业股东价值、社会价值组成的钻石四面体服务价值模型；Kristina Heinonen 构建的服务价值模型包含时间、空间、技术和功能四个维度，若从结果元素和过程元素对服务价值进行测量，则时间和空间两个维度比传统维度更重要；David 等将服务价值定义为服务情境下的顾客价值，其价值模型包含服务质量、服务公平性、信心收益三个部分。

3. 服务价值评估方法

本书对服务价值评估方法的相关文献进行梳理时发现，已有的服务价值评估方法可大致可分为四种，包括借鉴无形资产价值评估经验的传统经济学方法、单一评价方法、综合评价法以及新兴的智能化价值评估方法。传统的经济学方法包括成本法、市场法和收益法，但其计算公式参数较为主观，所能考量的影响因素尤其有限，并且大多时候用于资产的评估，在研究萌芽时期被广泛运用，随着研究的深入，这类方法在服务价值的评估中逐渐被淘汰。常见的单一评价方法包括层次分析法、模糊综合评判法、灰色关联法、投影寻踪法、TOPSIS

法、物元可拓评价法、集对分析法和密切值法等，例如，施国义运用层次分析法，结合航空服务公司的经营战略和行业地位，对航空附加服务价值进行了评估；山红梅等运用熵权法确定指标权重，对快递服务价值进行了测量。单一评价方法存在主观、顾此失彼等缺点，综合评价方法是在单一评价方法的基础上进行融合和优化，增强评价的合理性和科学性的方法。例如，林小芳结合层次分析法和端点三角白化权函数的灰色聚类评估方法，解决了物流服务评估过程中的模糊性和随机性问题；在产品设计服务领域，刘征宏等运用灰色关联理论-TOPSIS 法对设计方案与客户需求之间的匹配度和相关度进行了分析；Lee 等结合服务性能（SERVPERF）的 22 项标准，构建了基于主客观权重的 SERVPERF 区间值模糊灰色关联分析模型，以对航空公司服务进行评价；范德成等提出了一种基于 Gini 准则的客观组合评价方法，即以各种评价方法所提供评价结果的信息纯度对评级方法赋予不同的权重。以深度学习、大数据、计算机等关键词为特征的新兴智能化评估方法在服务价值领域的应用还处于初级阶段，与数据来源于问卷调查的综合评价方法相比，新兴智能化评价方法所采用的数据一般为事实数据，其反映的内容更为客观真实。李全喜等从信息视角出发，用 BP 神经网络对短租类共享平台服务价值进行了评估，但单纯的 BP 神经网络容易陷入局部最优和收敛速度慢等问题中，可能影响评估结果的准确性；苏兆婧等面向工业设计云服务平台，将设计服务评价问题转化为识别分类问题，提出了一种基于 YOLOv3 和 DFL-CNN 的设计服务评价模型，该模型消除了设计服务在评价过程中的个体差异性，同时进一步提升了产品设计的评价精度和效率；孙长伟等提出，以融入 Word Embedding 特征的分类方法对酒店评论数据进行细粒度分类和情感分析，可以探究酒店服务价值的影响因素。

4. 研究述评

结合平台特性，本书从知识产权服务业的交易流程视角出发，将网络平台环境下的知识产权服务定义为，以平台为载体，具备相关资质的服务商运用信息化和专业化的手段，以"信息咨询—研发设计—获权维权—评估交易"为核心，以专利、商标、版权、著作、软件等知识产权为对象，推动知识产权生产、获权、转移转化的服务。在服务价值评估相关理论方面，本书综合已有研究得出，服务价值是顾客与企业互动的结果，已有的指标体系虽纵向包括了顾客主观部分和企业客观部分，但却缺乏以交易流程为核心轴的横向分析，因此本书整合客观因素与主观因素，基于知识产权服务交易流程，构建了覆盖知识产权服务交易全周期的价值评估指标体系。从价值评估方法的研究来看，传统经济学方法和单一评价方法已逐步被淘汰，学术界大多采用综合评价法对服务价值进行评估，但综合评价法难以避免评价主体和客体所存在的主观因素，并且其

第四章 网络平台服务经济环境下服务资源的价值评估

评价效果随着评价对象的复杂程度和数据量的增加而减弱。新兴智能化评价方法已成为研究的主流趋势,但已有的研究模型缺乏与相关理论和实际应用场景的结合,其评价效果也没能达到理想状态,鉴于此,在提出网络平台环境下的服务价值评估指标体系基础上,本书提出一种 APSO-BP 神经网络模型,以各指标作为输入变量,对知识产权服务价值与其影响因素之间的非线性关系进行映射,为网络平台环境下的服务价值评估研究提供一定的参考。

(二) 知识产权服务价值评估指标体系构建

本书结合网络平台服务经济的特性,梳理了网络平台服务交易的流程,从权衡观视角研究了交易过程中的顾客感知构成,认为网络平台环境下的顾客感知由感知总质量和感知总成本组成,以此构建了服务价值评估指标体系,其中,共包含 2 个一级指标、5 个二级指标、10 个三级指标。

1. 网络平台环境下的知识产权服务流程分析

本书构建了知识产权服务交易的流程/价值图(见图 4-8),包括服务交易流程和服务价值构成两个部分。其中,服务交易流程包括服务商和雇主两条主线,知识产权服务商活动主要包括媒体采购、客户开发和设计发布,雇主活动主要包括信息搜索、服务交互和服务接受,并且知识产权服务商和雇主之间的活动相互对应。此处的服务交易流程共包含三个阶段:第一阶段,服务商向媒体平台支付部分资金,以宣传自身品牌、服务等信息,同时雇主在这些平台上根据需求检索服务信息,以挑选最中意的服务商;第二阶段,雇主与服务商基于平台技术进行交互,对服务进行个性化定制;第三阶段,服务商运用技术手段实现雇主需求。权衡观视角下感知价值的核心内容为顾客在整个消费过程中所感知得利与失利之间的比较,本书认为,网络平台环境下的服务价值包括顾客感知总质量和顾客感知总成本两个部分,本书通过对交易流程的梳理,进一步将顾客感知总质量分为感知信息质量、感知交互质量和感知结果质量,与雇主信息搜索、服务交互和服务接受的活动一一对应;将顾客感知总成本分为感知固定成本和感知可变成本,两者贯穿雇主需求产生到需求满足整个阶段。

2. 网络平台环境下的知识产权服务价值评估指标体系

服务价值评估指标体系的构建要遵循科学性、全面性、可操作性、系统性等一般原则,本书面向网络服务交易平台,根据平台上的服务信息、顾客在线评论信息以及平台相关属性,基于权衡观视角下的感知价值理论,构建了网络平台环境下的服务价值评估指标体系(见图 4-9),详细介绍了各指标的评价和各评估指标值对服务价值的影响方式。

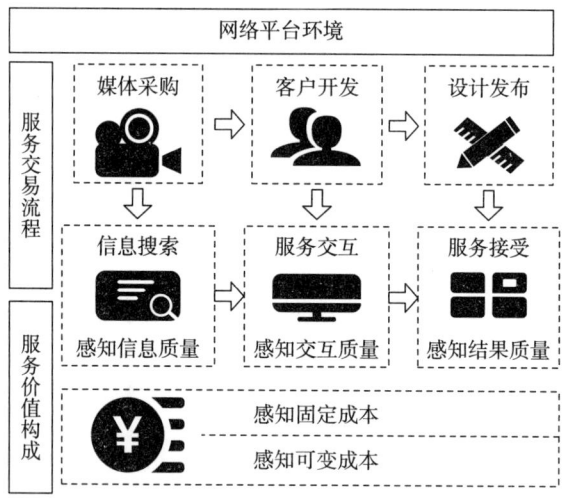

图 4-8 知识产权服务交易的流程/价值

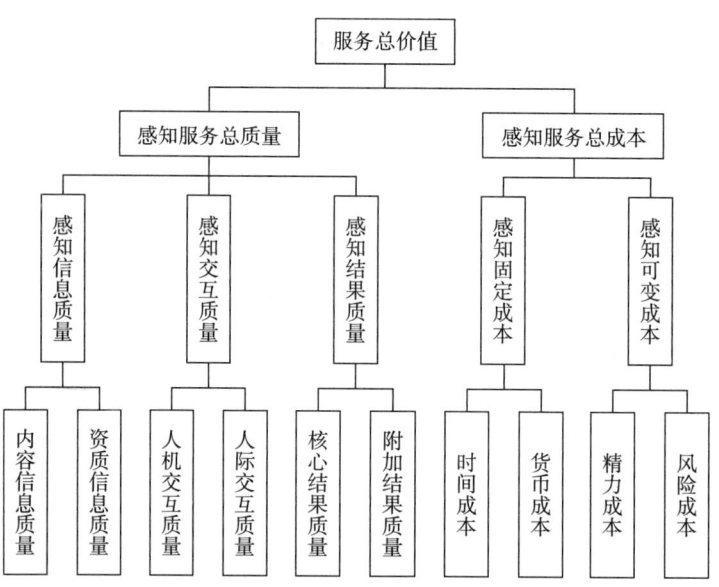

图 4-9 网络平台环境下的服务价值评估指标体系

感知服务总质量代表了权衡观视角下的感知得利,根据网络平台环境下的服务交易流程,感知服务总质量可分为感知信息质量、感知交互质量、感知结果质量。①选取内容信息质量和资质信息质量作为感知信息质量的评价指标。网络平台环境下服务商在媒体采购阶段一般会发布两种类型的信息:第一类为反映企业背景的信息,如企业名称、规模、年龄、团队等,该类信息的完备程度和详细程度影响着感知价值的形成;第二类为服务商在第一类信息的基础上为提升企业品牌形象所提供的附加信息,如企业的资质、获奖情况等,该类信息的多样性、生动性以及呈现的可视化程度与感知信息质量成正比。②选取人机交互质量和人际交互质量作为感知交互质量的评价指标。人机交互主要体现的是雇主与平台的交互,在服务交易过程中,平台能在多大程度上保证交易的真实、可靠,同时方便用户进行各种操作是感知交互质量的关键,若在交易过程中存在资金风险或者是页面卡顿等问题,会极大降低雇主的服务体验;人际交互是指雇主在接受服务的过程中与服务组织人员接触,得到关于服务质量印象的那段经历,服务的核心就是以人为本,在人际交互中,服务人员所体现的服务态度(接近性、礼貌性、移情性)和知识素养(专业性)是感知交互质量的关键,对雇主最终的购买决策起到决定性作用。③选取核心结果质量和附加结果质量作为感知结果质量的评估指标。服务不同于传统商品,雇主所购买的服务既可能是无形过程也可能是有形的产品,但其最终的服务结果可分为两个部分:第一部分为满足雇主需求,实现服务功能价值的服务结果,在这个部分的价值评估中,技术接受模型(TAM)的两大因素——感知易用性和感知有用性被广泛应用,其中,感知易用性反映了服务的接受度,感知有用性反映了雇主的满意度;第二部分为提升顾客满意度,增加服务附加值的服务结果,在传统商品交易中,其产品附加价值主要来源于物流、售后等活动,但服务的生产过程即为消费过程,基本上不存在售后和物流等增值活动,其附加值与其价值融为一体,体现在服务结果的创新和个性化的程度上。

　　感知服务总成本代表了权衡观视角下的感知失利,查德·萨勒提出的S形函数显示,个体在面对等量的得与失时,损失给人的感受远远大于利得给人的感受,因此网络平台环境下顾客感知失利也是决定服务价值的重要因素。本书通过对服务交易流程的分析,将感知服务总成本划分为感知固定成本和感知可变成本。①感知固定成本是指雇主为了满足自己的需求所必须付出的成本,选取时间成本和货币成本作为感知固定成本的评价指标。时间成本是指服务商的平均交货周期,反映服务商的平均服务速度,消费者在现代市场中占主导地位,把控时间对服务商来说极为重要,这也是顺丰和京东能在物流行业中占据一席之地的重要原因;货币成本是指顾客所能感知的最直接的成本,反映服务商能提供给顾客的利润空间,网络平台环境加快了信息透明化,提供低货币成本的服务商更具竞争力。②感知可变成本是指服务商在经营过程中可做出调整和优化的成本,选取风险成本和精力成本作为感知可变成本的评价指标。感知风险成本是顾客对服务商经营信誉的评估,如累计服务纠纷率;感知精力成本是指顾客在服务交易中在精神方面的耗费与支出,主要体现在前期的信息搜索阶段,服务商店铺设计的简洁性、易操作性、界面友好性对精力成本的感知有直接影响。

(三) 知识产权服务价值评估模型的构建

本书技术路线图如图 4-10 所示:首先,本书对网络平台环境下的服务交易流程进行梳理,基于感知价值理论构建了网络平台环境下的服务价值评估指标体系。其次,本书选取典型一站式服务交易平台上的商标服务为实证对象,采集平台上提供商标服务的服务商数据(包括店铺文本数据、在线评论数据、收藏量),并对数据进行分句、分词和词频统计等数据预处理,得到了指标体系的各指标值。最后,本书构建了粒子群算法优化的 BP 神经网络价值评估模型,并以各指标值为输入变量,以店铺收藏量为输出变量,对模型进行训练直至误差可接受,得到了知识产权服务价值评估模型。

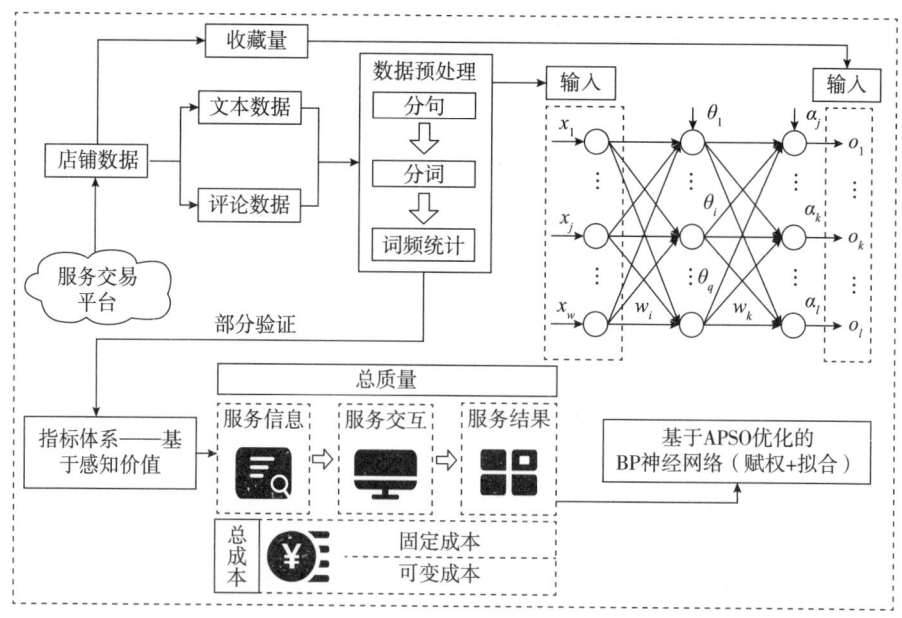

图 4-10 基于 APSO-BP 神经网络的知识产权服务价值评估模型

1. BP 神经网络

BP 神经网络的实质是一种误差逆向传递的神经网络,其基本原理是利用输出后的误差来估计输出层的直接前导层的误差,再利用这个误差来估计更前一层的误差，一层一层地进行误差的逆向传递和修正，直至 BP 神经网络的输出误差小于目标误差。因此 BP 神经网络具有较强的非线性适应能力和学习能力，但是同时也存在收敛速度慢和可能陷入局部最优等缺点。BP 神经网络包含输入层、隐含层和输出层。输入层中，X_M 为输入变量，M 为输入层节点数；W 为网络各层之间的连接权重。输出层中，Y_N 为输出变量，N 为输出层节点数；σ 为误差。BP 神经网络相关参数及设计原理如表 4-3 所示。

表 4-3 BP 神经网络参数设计参照表

名称	公式	备注
网络层数	无	层数根据应用需求以 1 为基础增加
隐含层节点数	$S = 2M + 1$ （1） $S = \sqrt{M + N} + a (0 < a < 10)$ （2） $S \leq M - 1$ （3） $S = \log_2 M$ （4）	S 表示隐含层节点数； M 表示输入层节点个数； N 表示输出层节点数； 隐含层节点数根据四种经验公式确定大致范围后进行试凑
正向传播	$H_j^l = f(\sum_{i=1}^{s(l-1)} W_{ij}^l h_i^{l-1} + b_j^l)$ （5）	H_j^l 为 l 层的输入； W_{ij}^l 表示 l 与 ($l-1$) 层之间的连接权重； b_j^l 表示 l 层 j 个节点的偏置； $f()$ 表示网络层之间的激活函数（常用的激活函数有 Sigmoid 函数、双曲正切函数、Relu 函数等）
误差逆向传递	$\sigma_i^{l-1} = \sum_{j=1}^{s(l)} W_{ij}^l \sigma_i^l$ （6）	σ_i^{l-1} 表示误差平方和

2. 参数自适应调整的粒子群优化算法

粒子群优化算法（PSO）是由 Eberhar 和 Kennedy 提出的一种进化计算技术，源于对鸟群捕食行为的研究，其基本思想是通过群体中个体之间的协作和信息共享来寻找最优解，具有搜索速度快、效率高、简单易实现等优点。传统粒子群算法在求解复杂问题时存在易陷入局部最优和依赖参数选取值等问题，对此张其文、尉雅晨等提出了一种独立自适应调整参数的粒子群算法（APSO）。与传统粒子群算法相比，该算法重新定义了粒子进化能力、种群进化能力和粒子进化率，调整了每个粒子的参数，增强了算法平衡全局和局部的搜索能力；同时，加入了粒子重购策略，增加了种群的多样性，使算法跳出了局部最优的困局。

在参数自适应的粒子群算法中,粒子是没有质量和体积的微粒点,延伸到 N 维空间,粒子 I 在 N 维空间的位置表示为矢量 $x_i = (x_1, x_2, \cdots, x_N)$,飞行速度表示为矢量 $v_i = (v_1, v_2, \cdots, v_N)$,每个粒子都有一个由目标函数决定的适应值,并且知道自己到目前为止发现的最好位置(Pb)和自己的位置 x_i。此外,粒子还知道到目前为止整个群体中所有粒子发现的最好位置(Gb),Gb 是所有 Pb 中的最好值。参数自适应的粒子群算法改进公式如表 4-4 所示。

表 4-4 独立自适应调整参数的粒子群算法参数设计参照表

调整	名称	公式	备注
速度位置	速度	$v_i^{t+1} = \omega v_i^t + c_1 r_1 (P_b - x_i^t) + c_2 r_2 (G_b - x_i^t)$ (7)	ω 表示惯性权重; c_1, c_2 表示学习因子; r_1, r_2 表示 [0, 1] 之间的随机数
	位置	$x_i^{t+1} = x_i^t + v_i^{t+1}$ (8)	
进化定义	粒子进化	$E_i^t = (f_w^t - f_i^t)/(f_w^t - f_b^t)$ (9)	f_i^t 表示在 t 代时第 i 个粒子的适度值; f_w^t, f_b^t 表示 t 代时所有粒子中最差和最优适度值; f_g^t 表示在 t 代时群体历史最优粒子的适度值
	种群进化	$E_g^t = f_g^t - f_g^{t-1}$ (10)	
	进化率	$M_i^{t+1} = 1/\sqrt{E_g^t + E_i^t + 1}$ (11)	
参数调整	惯性权重	$w_i^{t+1} = w_{init} - (w_{init} - w_{end}) \times M_i^{t+1}$ (12)	w_{init} 表示初始权重; w_{end} 表示最终权重; M_i^{t+1} 表示粒子进化率; c_{1max} 和 c_{2min} 表示学习因子的最大值和最小值
	学习因子	$c_{1i}^{t+1} = c_{1max} - \dfrac{c_{1max} \times \sin(M_i^{t+1} \times \frac{\pi}{2}) \times t}{T}$ (13)	
		$c_{2i}^{t+1} = c_{2min} + \dfrac{c_{2min} \times \sin(M_i^{t+1} \times \frac{\pi}{2}) \times t}{T}$ (14)	
粒子重构	粒子选择	$num_{p_1} = \text{round}(0.8 \times N \times (t/T))$ (15)	num_{p_1} 和 num_{p_2} 表示粒子进化能力较弱和比较强的粒子; N 表示种群总规模
		$num_{p_2} = N - num_{p_1}$ (16)	
	粒子更新	$x_{id}^{New} = x_{kd}$,当 $p_{id} > p_c$ (17) $x_{id}^{New} = x_{id}$,当 $p_{id} \leq p_c$ (18)	x_{id} 表示第 i 个粒子第 d 维更新后的值; p_{id} 表示第 i 个粒子第 d 维的随机数; p_c 表示学习概率

3. 参数自适应调整的粒子群算法优化的 BP 神经网络

与其他模型相比，基于粒子群算法优化的 BP 神经网络服务价值评估模型具有三大优势：首先，该模型数据客观可测，可以提升服务价值评估的可操作性；其次，该模型具有较好的非线性关系预测和评估能力；最后，该模型克服了 BP 神经网络容易陷入局部最优和收敛速度慢等缺陷。自适应调整参数的粒子群算法优化的 BP 神经网络算法流程如图 4-11 所示，其具体步骤如下。

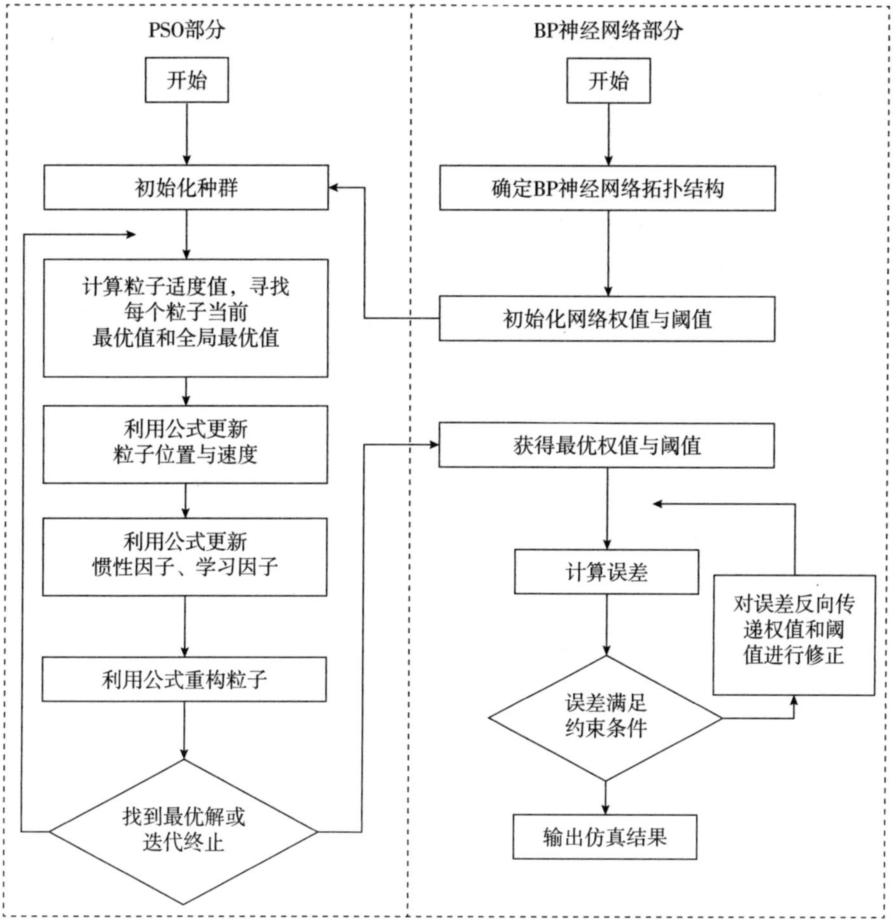

图 4-11 自适应调整参数的 PSO-BP 神经网络算法流程

步骤一：根据表 4-3 中式（1）~式（4）确定 BP 神经网络拓扑结构，包括神经网络层数、各层神经元个数；初始化网络参数，包括各层连接权值、阈值、迭代次数、训练误差等。

步骤二：随机初始化 N 个粒子，初始化参数 w_{init}、w_{end}、c_{1max}、c_{1min}、c_{2max}、c_{2min}，最大迭代次数 T，问题的维度 D 等。

步骤三：计算粒子的适度值，找出个体最优 P_b 和全局最优 G_b。

步骤四：根据表 4-4 中式（7）、式（8）更新粒子的速度和位置；

步骤五：根据表 4-4 中式（12）~式（14）计算粒子在（t+1）代时的惯性权重和学习因子。

步骤六：根据表 4-4 中式（15）~式（18）选择出进化能力较弱的粒子向进化能力较强的粒子学习，重购粒子，将新粒子与进化能力强的粒子合并。

步骤七：判断算法是否达到终止条件，若满足，则输出 BP 神经网络初始最优权值与阈值，否则跳转到步骤四进行循环。

步骤八：将 BP 神经网络初始最优权值与阈值，代入网络进行训练，计算网络误差，判断误差是否满足约束条件，若是，则输出仿真结果；若否，则利用梯度下降算法使误差进行逆向传递，对网络各层权值和阈值进行修正，重复步骤九。

步骤九：用训练好的 BP 神经网络对服务价值评估进行数据仿真。

（四）实证分析

Step 1：数据采集与处理。

猪八戒网创建于 2006 年，是服务中小微企业的人才共享平台，其开创式地为人才与雇主搭建起双边市场，通过线上线下资源整合与大数据服务，实现人才与雇主之间的精准无缝对接。猪八戒网于 2011 年被评选为中国年度"最佳商业模式十强"企业，在胡润研究院发布的《2017 胡润大中华区独角兽指数》中跻身榜单前 35 名，是中国发展较为成功和典型的一站式服务平台。通过对猪八戒平台 PC 端和移动端信息的完整度进行比较，本书选择移动端作为数据采集的对象，运用 python 语言，以"商标服务"为关键词对相关店铺的 ID、粉丝数、成交量、成交额、企业名称、年龄、规模、地址、简介、保证金数额、服务种类数量、退款率、评论数量和印象标签等数据进行采集。

在数据采集完成后，本书按照下列规则对数据进行清洗：①对于重复的数据进行删除处理，仅保留一条数据；②对某属性缺失的数据，直接删除该条数据；③对属性值缺失和异常的大数据，采用平均值和众数进行代替；④最后统一规定数据单位。本书对数据进行清洗后，最终得到规范、有效的数据共 254 条，各项数据与指标的对应情况为：企业名称、年龄、规模、地址、简介等信息的完整程度反映内容信息质量；服务商所缴纳的保证金数额反映资质信息质量；服务商所提供服务的种类数量反映人机交互质量；印象标签中的沟通、服务、认真、严谨、敬业、态度、耐心等词频反映人际交互质量；印象标签中的质量、专业等词频反映核心结果质量；印象标签中的创意、修改等词频反映附加结果质量；印象标签中的交付、周期、速度等词频反映时间成本；印象标签中的性价比、价格、定价等词频反映货币成本；店铺的纠纷率反映风险成本；店铺评论数量反映精力成本。在网络平台环境下，服务商所积累的收藏量体现的潜在价值比其当前成交额所体现的现实价值更具意义，因此本书选取店铺收藏量作为输出预测变量。

Step 2：模型参数设计。

本书模型构建分为参数自适应调整的粒子群算法和 BP 神经网络两个部分。在参数自适应调整的粒子群算法中，学习因子 c_1 和 c_2 分别为 1.49445 和 1.49445，学习因子最大值 c_{1max} 和最小值 c_{2min} 分别为 2 和 0.8，最大进化次数 T 为 1000，种群规模为 20，学习概率 p_c 为 0.8，初始权重 w_{init} 为 0.9。在 BP 神经网络中，其拓扑结构为 10-3-1，输入层节点数为 10 个，取决于服务价值构成；隐含层为 1 层，神经元个数为 3 个，通过经验公式和实验试凑确定；输出层节点数为 1，输出指标为服务商店铺累计收藏量。网络学习速率为 0.05，均方误差训练目标为 0.65×10^{-13}，最大训练次数为 5000 次。

Step 3：结果与分析。

本书根据参数设计构建模型，并将结果在 MATLABR 2018b 软件中进行训练和测试。为了更好地对比模型的评估效果，本书使用相同的参数构建粒子群算法优化的 BP 神经网络和参数自适应调整的粒子群算法优化的 BP 神经网络，从模型的收敛速度与跳出局部最优、模型预测精准度两个方面进行对比分析。

1. 收敛速度与跳出局部最优分析

图 4-12 为参数自适应调整的粒子群算法和粒子群算法在搜索权值、阈值时的迭代过程。在参数自适应调整的粒子群算法中，粒子在迭代前期收敛速度较快，在不到 10 次的迭代中适应度值大幅下降，在 10~30 次迭代中稳定缓慢下降，在 30 次的迭代之后其趋于零的态势基本不再发生改变。在传统的粒子群算法中，粒子适应度值大幅下降的区间的迭代次数为近 100 次，此后其下降速度极缓慢，分别在 400 次和 700 次迭代处有稍微明显的下降，900 次的迭代使其适应度值下降 50 左右。对比之下，参数自适应调整的粒子群算法在收敛速度和跳出局部最优的能力方面大大优于传统粒子群算法。

2. 模型预测精准度分析

本书从 254 条样本数据中随机抽取了 10 条作为测试集，剩余 244 条为训练集。图 4-13 为 10 条测试集的知识产权服务价值评估 APSO-BP 和 PSO-BP 模

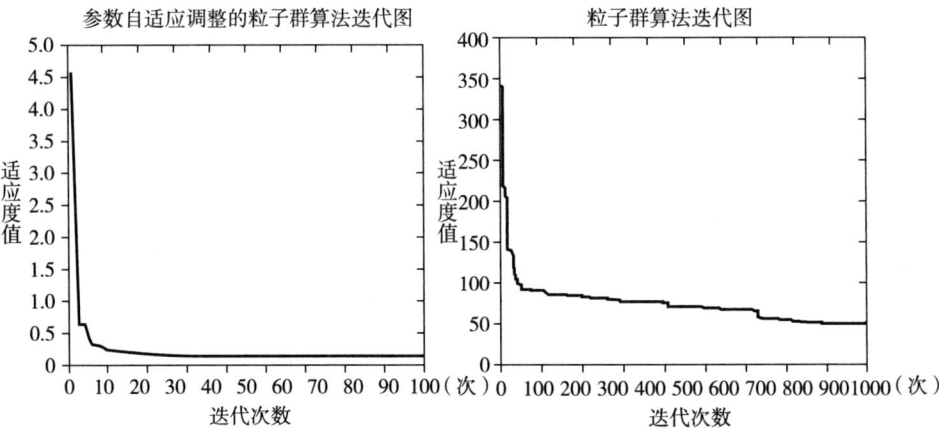

图 4-12 APSO 算法和 PSO 算法迭代对比

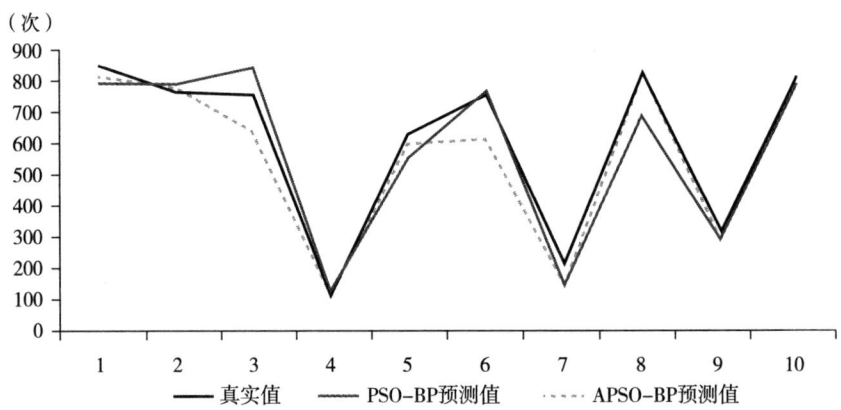

图 4-13 知识产权服务价值评估模型的数值拟合

型数值拟合图，图 4-14 为测试样本在两种模型下的绝对/相对误差对比图。从图 4-13 可得，APSO-BP 模型和 PSO-BP 模型均能大体描绘出知识产权服务价值的大体走势，表明将 BP 神经网络运用于知识产权服务价值评估具有合理性和有效性。结合图 4-13 和图 4-12 进行分析，APSO-BP 模型具有较好的知识产权服务价值拟合效果，其平均绝对误差（MAE）为 41.67，平均相对误差（MAPE）为 8.15%，PSO-BP 模型虽然也具有较好的拟合效果，但其平均绝对误差（MAE）为 52.15，平均相对误差（MAPE）为 9.96%；此外，从图 4-14 可以看出，无论是绝对误差还是相对误差，APSO-BP 模型都比 PSO-BP 模型显得更为收敛和稳定。综上，APSO-BP 模型的预测精度和预测能力明显优于 PSO-BP 模型，将其用于知识产权服务价值评估具有合理性和科学性。

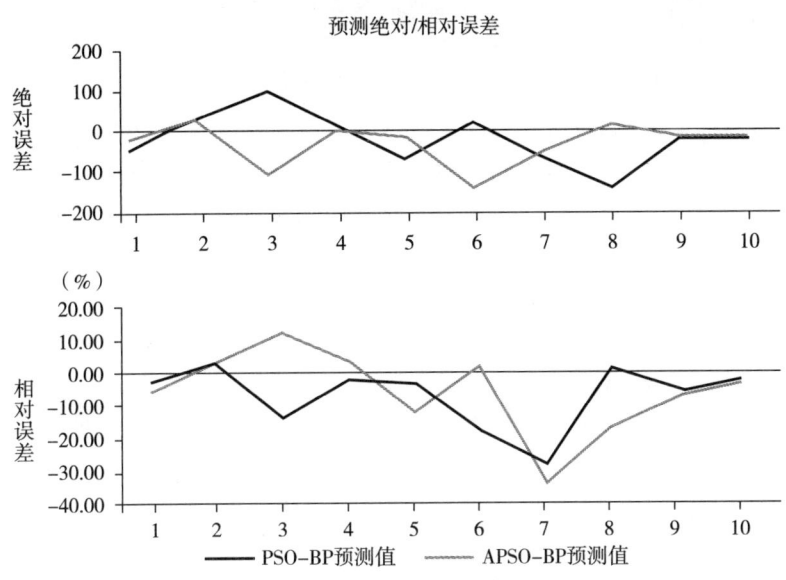

图 4-14 预测样本不同模型绝对/相对误差对比

五、小结

在服务业成为经济增长的主要驱动力的大背景下，在创新驱动发展、"互联网+"、科技强国等发展战略的推动下，知识产权一站式服务平台快速发展。知识产权服务作为科技创新、产业升级的"引擎"，其非标准、无形、易逝、高知识含量等特性阻碍了市场对其价值的判断，进而阻碍了知识产权服务的标准、有序交易。本书聚焦于知识产权服务价值评估问题：首先，对服务价值评估理论和服务评估方法进行了系统梳理；其次，基于感知价值理论构建了网络平台环境下知识产权服务价值评估指标体系；再次，从智能化价值评估出发，以知识产权服务交易平台的交易数据为数据源，提出了 APSO-BP 神经网络智能化知识产权服务价值评估模型；最后，以猪八戒一站式知识产权服务平台的 254 条交易数据为样本，进行了实证研究与模型对比分析。

本书的研究意义包含以下两个方面：①实现网络平台环境下知识产权服务价值构成的系统刻画。本书针对网络平台环境下知识产权服务价值构成不明确进而导致价值评估置信度低、定价主观、交易困难等问题，基于感知价值理论构建了网络平台环境下知识产权服务价值评估指标体系，明确了知识产权服务价值的构成。②提供了一种智能化的知识产权服务价值评估方法，对网络平台环境知识产权服务交易具有较强的实践意义。APSO-BP神经网络不但继承了传统BP神经网络自主学习和非线性化映射的优点，还弥补了其收敛速度慢、可能陷入局部最优等不足。此外，与PSO-BP神经网络相比，APSO-BP神经网络的预测能力和预测精度更高，可进一步作为数据资源定价的依据。

  本书的研究不足及后续研究方向：①本书所提出的知识产权服务价值评估指标体系基于感知价值理论，完全从顾客视角出发，忽略了市场环境、平台环境和知识产权服务商在感知价值形成中发挥的作用。此外，受平台交易累计数据的限制，部分指标的量化不够准确。因此未来的研究方向之一是知识产权服务价值构成的细分和计量。②本书仅选取一家知识产权服务平台的交易数据进行实证研究，样本较少，可能存在一定误差。此外，BP神经网络和粒子群算法仅是众多机器学习方法和优化算法中的一种，未来的研究可将多元化评估方法进行有机融合，进一步提高知识产权服务价值评估的准确性。

第五章 双目标多主体下的技术交易"一站式"服务平台定价模式研究

一、引言

一站式服务平台作为"互联网+现代服务"业态下的一种新兴商业模式，在技术交易领域得到了快速发展。近年来，诸多技术交易平台，如中国技术交易所、浙江省网上技术交易市场、科易网和猪八戒网等，不断迭代升级，通过供应链整合以及第三方服务资源引入，为技术交易提供全程化的一站式服务。技术交易一站式服务关注技术交易的整个生命周期，覆盖技术定制研发、搜寻匹配、价值评估、磋商交易、转移实施、增值开发等多个阶段。与线下技术交易和传统线上技术交易相比，技术交易一站式服务平台具备很高的信息整合度和服务集成度，能够实现多方协同，降低利益相关者的交易成本与风险，实现需求导向的服务模式，提高平台服务的效率和能力，最大限度地释放交易活跃度。

技术交易一站式服务平台打破了传统技术交易市场中利益相关者原有的生态体系，是对技术交易产业链和服务链的一次重构，它不仅需要先进的技术手段、复合型专业人才、广泛的信息网络等外部支撑条件，更为重要的是需要构建一套与"一站式"服务生态系统相匹配的定价机制，以应对多主体互动导致的利益分配复杂性和收益模式多样化。正如诸多研究者指出的那样，合理的定价机制能直接影响平台的交易量，保障平台的有效运营，是平台经济新业态和新形态发展最为重要的核心要素。因此，本书选择技术交易一站式服务平台定价模式作为关注焦点，尝试探究"不同经营周期和目标变迁下，技术交易一站式服务平台最优的定价策略和结构该如何调整"这一核心问题。

二、文献综述

目前技术交易一站式服务平台定价的研究主要从两个方面展开：第一，基于"一站式"服务特征的定价机制研究。传统平台向一站式服务平台转型升级的过程中形成了一系列新的特征，如信息整合（对服务中各环节的信息进行收集、加工、整理、分析以及发布等）、服务集成（将平台本身的服务资源与第三方服务机构资源动态地连接起来）、主体多元（涵盖了服务过程中的各个参与主体）、上下联动（将整个平台的服务过程有机结合起来）等。这些新特征加剧了传统技术平台的组织结构以及利益关系的复杂性，同时也是导致定价机制变化的根本原因。因此，部分学者尝试基于特征分析，构建适用于技术交易一站式服务平台的定价结构与策略。例如，梅姝娥和吴玉怡在参考已有电子商务领域 C2C、B2C、B2B 等虚拟平台盈利模式的基础上，结合技术交易平台中买卖双发交易空间和标准的特殊性，提出了技术交易一站式服务平台的四种定价策略：会员服务费、技术成果推荐费、协作服务费、价值增值费。尹俊玲基于平台的主体特征、团队能力和资源配置的差异，提出了投资收益模式和服务收益模式两种定价结构，以及直接收费和间接收费两种定价策略。直接收费主要包括数据服务和交易中介服务费，而间接收费主要包括技术实业化后收益以及作价入股回报。第二，基于双边市场的定价机制研究。线上技术交易平台具有异质性的用户与供应商之间存在交叉网络外部性，这是双边市场区别于传统单边市场的一个显著特征。因此，部分学者以交叉网络外部性为切入点，探讨了交易平台的最优定价策略。例如，孙武军和陆璐基于交叉网络外部性对垄断平台倾斜定价的作用机制进行了探讨，研究表明，垄断平台采取了极端倾斜的定价方式，并且倾斜方向为对交叉网络外部性强度较大的一方采取了高定价，对交叉网络外部性强度较小的一方采取了极低定价。卢珂等充分考虑平台的交叉网络外部性和用户归属性，探讨了平台定价和收益与交叉网络外部性、用户归属结构以及时间敏感系数的相互关系。蔡万刚等应用双边市场理论构建了倾斜定价模型，阐释了交叉网络外部性和平台的需求价格弹性对平台企业倾斜定价策略的影响。合理的定价机制是平台持续健康发展的重要约束条件，而明确平台目标是制定合理定价机制的前提。因此，一些学者尝试探究平台目标与定价机制之间的相互联系。例如，纪汉霖通过建立模型探究了不同定价方式、平台差异化策略以及平台用户的交叉网络外部性强度对平台的利润和社会福利的

第五章 双目标多主体下的技术交易"一站式"服务平台定价模式研究

影响。Wilko Bolt 等在研究双边市场的倾斜定价时发现,对高弹性用户采用低价吸引策略,对低弹性平台用户提高收费可实现平台利润最大化。王志宏等以平台利润最大化为目标,通过双边市场理论构建了不同用户归属行为下的定价模型,并借助数值仿真的方法分析得出,当双边用户均为单归属时,平台企业应采取注册费与交易费的定价模式。王文举等基于双边市场通过定价博弈分析平台社会福利最大情况下的最优定价问题,其研究表明,不收取流动性提供方的手续费甚至对其进行补贴可提高社会福利。

综上所述,基于"一站式"服务特征的定价机制分析侧重于定价策略的分类和梳理,是定价机制研究的基础;基于双边市场的定价机制分析侧重于不同情境下最优定价模式的选择,是定价机制研究的核心;两方面研究相互支撑,相辅相成。尽管学者们对技术交易一站式服务平台定价机制进行了一系列的有益尝试,但相关研究仍然存在两方面不足。第一,已有定价机制研究仅考虑了商户和消费者之间的相互作用,未能将第三方服务机构及交易平台纳入定价模式的分析中,定价模型缺乏对技术交易一站式服务平台中多利益相关者互动特征的体现。第二,已有定价机制研究仅考虑了不同定价模式对平台利润或社会福利的影响,但缺乏从动态视角挖掘一站式服务平台发展过程中目标变迁对定价模式选择的影响。

基于此,本书在分析技术交易一站式服务平台双边市场特征和属性特征的基础上,构建了双目标多主体下最优定价模型,并通过数值仿真对定价机制进行分析与验证。

三、技术交易"一站式"服务平台的特征分析

平台特征是决定平台定价模式差异的重要原因。对此,本书首先对技术交易一站式服务平台的双边市场特征和属性特征进行分析,为后续模型假设提供理论基础。

(一) 技术交易"一站式"服务平台的复合型双边市场特征

已有研究指出,线上技术交易平台属于典型的双边市场,那么技术交易"一站式"服务平台是否也符合这样的市场特征呢?关于双边市场的判断,目前存在两种观点。一种观点以 Armstrong、程贵孙等学者为代表,强调通过交叉

网络外部性和需求互补性判定双边市场；另一种观点以 Rochet 和 Tirole、王娜等学者为代表，认为价格结构非中性是识别双边市场的一个有效条件。本书综合两种观点，从需求互补性、交叉网络外部性、价格结构非中性三个方面对技术交易一站式服务平台的市场特征进行判断，具体如下：

（1）需求互补性。该特征是指双边市场中不同用户的需求是相互依赖的，一方用户加入平台是以另一方用户的加入为基础的。对于技术交易"一站式"服务平台而言，它包含技术需求者、技术提供者、第三方服务机构三类用户群体，每一类群体需求的满足都需要其余两类群体提供相应的资源和支持。平台是整个生态系统的核心，它可以整合资源并为各方提供相应的信息和制度规范；技术需求者与技术提供者具备天然的需求依赖性，但这种天然联系转化为真实的交易，仍需要平台中第三方服务机构提供的各类辅助和衍生服务。由此可知，技术交易一站式服务平台包含"技术需求者—技术提供者"和"技术交易者（技术供需双方）—第三方服务机构"的双重需求互补性。

（2）交叉网络外部性。该特征是指用户加入平台获得的收益和效用随着平台另一边用户数量的增加而增加。一方面，与传统线上技术交易平台类似，技术交易"一站式"服务平台中技术需求方或技术提供方中任何一方数量的增加，都会对另一方产生吸引，提高技术交易成功的概率，降低信息搜索成本，提升各自的收益。另一方面，平台中技术交易整体规模的扩大，会引发对第三方服务机构的需求强度增加，创造更多的第三方服务订单，增加第三方服务机构收益。反之亦然，当平台中第三方服务机构增加时，平台所搭建的服务生态系统更加完善，平台所覆盖的技术交易全生命周期价值链更完整、竞争性也更加明显。这有助于进一步削弱信息资源在不同交易主体间分布、交流、传递的非平衡性，协助供需双方交易达成；同时，降低技术交易双方成本，提升交易效率。由此可见，技术交易"一站式"服务平台既包含"技术需求者—技术提供者"的交叉网络外部性，还包括"技术交易者（技术供需双方）—第三方服务机构"的交叉网络外部性。

（3）价格结构非中性。该特征是指平台的定价不以边际成本为原则，也不是对用户收取同等价格，而是通过对用户分配不同的价格来调整平台上的用户数量和交易量。"一站式"服务平台是由三方主体构成的共生系统，但是技术需求者、技术提供者、第三方服务机构在系统中的地位并非同等重要。它们之间的地位差别除了受三类用户规模的影响外，还受到技术自身特点、技术应用行业、技术生命周期、效益转化程度、接受方知识存量和吸收能力、中介服务的异质化和专业化水平等多种因素的影响。技术交易"一站式"服务平台会综合考虑每一方的需求价格弹性、每一方的边际成本，他们之间相互依赖的程度

(交叉网络外部性的大小),决定最终的价格结构。由此可见,技术交易"一站式"服务平台具备"技术需求者—技术提供者"的价格结构非中性特征和"技术交易者(技术供需双方)—第三方服务机构"的价格结构非中性特征。

综上分析可知,技术交易"一站式"服务平台是利用互联网技术,将技术提供者、技术需求者和第三方服务机构这三类用户聚集在一个平台上并为其提供交易服务。其中,技术提供者、技术需求者和交易平台组成了一个双主体的双边市场,而技术交易者(技术供需双方)、第三方服务机构和平台也组成了一个多主体的双边市场,因此,围绕平台的三个主体组成了两个相互嵌套的双边市场,表明技术交易"一站式"服务平台具有复合型双边市场特征。

(二) 技术交易"一站式"服务平台的属性特征

梁春梅、杨选良等指出,网络平台的属性特征可分为两类:一是平台的盈利模式,即平台对用户采用何种收费模式以维持平台的运营与发展;二是平台的建设模式,包括政府主导建设和民营企业主导建设两种模式,其中,政府主导建设的平台多是公益性平台,考虑社会福利最大化,而民营企业建设的平台多以盈利为目的,考虑利润最大化。但江积海等学者指出,不同网络平台的属性特征会有较大差异。对此,本书通过查阅相关文献以及相关网址,收集整理了美国知识产权交易公司(yet2.com)、日本的创新中心(AIST)、英国的技术集团(BTG)、德国的史太白促进基金会(STW)以及中国的技E网等当前国内外著名的技术交易平台的基本情况(见表5-1),并对其属性特征进行分析:

(1) 平台的盈利模式。由表5-1可以看出,当下平台的定价模式主要包括咨询费、注册费、交易费、混合制收费、增值服务费。但随着技术交易相关制度的完善和"一站式"服务的发展,技术交易平台为提高服务质量,将相关的咨询业务和增值业务分包给平台上专业的第三方服务机构。因此,本书重点考虑注册费、交易费和混合制收费三种不同的平台定价模式。

(2) 平台的建设模式。由表5-1可知,根据所有权或者建设主体差异,技术交易平台可分为政府主导建设和企业主导建设两大类。西方发达国家线上技术交易起步早,平台市场化程度高。例如,美国知识产权交易公司(yet2.com)、英国技术集团(BTG)、德国史太白促进基金会(STW)的规模、效益和影响力都远超政府主导建设的平台。我国线上技术交易开始较晚,早期以政府主导建设的模式为主,但市场发展迅速,目前部分政府建设平台开始尝试混合所有制改革,同时大量民营建设平台兴起,整个技术交易发展处于从政府主导模式向企业主导模式过渡的阶段。技术交易平台建设模式的转变,导致平台经营目

表 5-1 国内外技术交易平台的运营模式

国家	建设模式	线上技术交易平台	平台简介	盈利模式
美国	政府部门主办	NTTC	集合了联邦实验室、大学、企业的技术信息服务平台	技术评估工作收取费用
	民营企业主办	Innocentive	匹配技术供需双方的第三方线上咨询平台	注册费和交易佣金
	民营企业主办	yet2.com	全球最具影响力的技术交易平台	信息发布费、交易费、增值服务费
日本	政府部门主办	特许厅官方交易平台	将自己目前还没有使用的专利或成果向社会开放的交易平台	信息发布费、交易费
	政府部门主办	AIST 创新中心	将技术成果的"独占实施权"转为"普通实施权"	交易费
	民营企业主办	e-technomart	由 JILC 创建的线上技术交易平台	注册收费
德国	政府部门主办	SIGNO	由德国联邦教育研发部成立	混合制收费
	政府部门主办	STW	提供技术咨询、研究开发、技术转移和培训等服务的平台	混合制收费
	民营企业主办	InnoWi GmbH 技术转移公司	价值评估、专利注册、专利保护和技术转移的平台	咨询费和交易费
英国	民营企业主办	BTG	服务于医药科学领域的技术交易平台	增值服务费
	政府部门主办	英国国防技术公司	有效转移国防技术在商业上运用的平台	交易费
中国	政府部门主办	技 E 网	提供技术转化的一站式服务	交易费、增值服务费
	政府部门主办	浙江省线上技术市场	联合浙江高校企业的综合性技术信息服务平台	咨询服务费和交易费
	民营企业主办	科易网	提供技术转化的一站式服务	注册费和交易佣金
	民营企业主办	猪八戒网	提供专利申请、查询、交易等功能的网络平台	交易佣金、增值服务费

标变迁——从社会福利最大化向利润最大化转变。在平台经营目标变迁的过程中，平台如何调整定价策略以确保整个技术交易市场平稳发展，便成为一个关键问题。因此，本书试图综合考虑平台建设模式差异，从社会福利最大化和利润最大化两个视角进行分析，探索平台经营目标变迁与平台定价模式之间的内在联系。

（三）模型假设

近年来我国技术交易市场快速发展的同时，服务于技术交易过程的技术交易平台也得到了迅速发展，全国大部分省份已建立起技术交易一站式服务平台，但由于各平台的服务侧重点（某一区域或者某一专业领域）不同，因此平台间竞争态势并不明显，进而导致平台出现以下两种垄断情形。第一，某一专业领域的垄断。技术交易涵盖了众多的专业领域，同时不同专业领域的交易过程存在较大差异，因此平台通过垄断某一专业领域的技术交易进而向周边技术领域扩展可以达到降低成本、提高服务质量与效率的目的。例如，中国清洁水技术交易服务平台作为清洁水技术领域唯一的交易平台，在清洁水技术领域和周边技术领域拥有绝对的垄断地位。第二，某一区域的垄断。技术交易"一站式"服务平台涉及技术交易过程中的各个环节，但定制研发、协商交易和增值开发等环节需要平台多次组织用户线下协商，使技术交易平台的区域性优势得以凸显。例如，浙江网上技术交易市场通过线上和线下相结合的方式建立了省、市、县三级市场的分工协作机制和跨部门的统筹协调机制，完成了省市县和专业市场三级架构体系的构建，现拥有省内企业会员近 10 万家，签约合同 3.6 万项、成交金额 330 亿元，已成为浙江的"技术淘宝网"。因此，研究技术交易"一站式"服务平台在垄断情形下的定价模式具有一定的现实意义。

本书以 Armstrong 垄断平台的定价模型为基础，结合技术交易"一站式"服务平台的运营模式和复合型双边市场特征，梳理出了技术提供者、技术需求者、第三方服务机构和交易平台之间的相互关系，并将它们纳入一个框架体系进行研究。在此基础之上，本书综合考虑交叉网络外部性、示范自网络外部性、平台运营成本和平台匹配技术等因素，建立了适用于技术交易一站式服务平台的复合型双边市场定价模型（见图 5-1）。其中，技术提供者、技术需求者与交易平台可组成一个双主体的双边市场，技术交易者（技术提供者和技术需求者）、第三方服务机构与交易平台也可组成一个多主体的双边市场，两个相互嵌套的双边市场组合而成的复合型双边市场中的三个主体都围绕着平台进行交易。因此，本书建模的过程均围绕上述情况进行，并在设定变量时均以一年为一个周期,本书也仅考虑一个周期的情况。

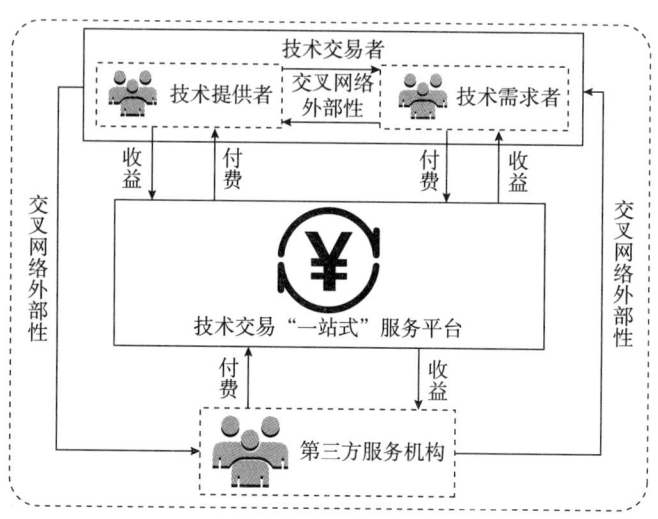

图 5-1　技术交易"一站式"服务平台的复合型双边市场定价模型

在垄断的技术交易"一站式"服务平台当中,本书用 a、s 和 d 分别表示第三方服务机构、技术提供者和技术需求者。假设 n_a、n_s 和 n_d 分别为平台中第三方服务机构、技术提供者和技术需求者的注册数量,并且均大于 0;而它们的单个用户接入平台所获得的净收益分别用 u_a、u_s 和 u_d 表示。第三方服务机构、技术提供者和技术需求者在接入平台初期都会获得平台的一些基础服务,而这些服务对于这三类用户而言,具有一定的相似性,故假设这三类用户从这些服务中得到的初始收益均为 V。由于用户在接入平台的过程中需要平台对技术提供者提交的技术材料进行一系列的审核和复查,对第三方服务机构的营业资质进行核实,而只需对技术需求者的基本情况进行核实,不妨假设单个第三方服务机构、技术提供者和技术需求者接入平台带来的运营成本分别为 C_a、C_s 和 C_d($C_s > C_a > C_d$)。此外,本次建模主要考虑双边市场理论中两个主要的影响因素:示范自网络外部性、交叉网络外部性。为了方便计算,假设技术提供者与技术需求者之间的交叉网络外部性系数分别为 x_s、x_d,第三方服务机构与技术交易者之间的交叉网络外部性系数分别为 x_a、x_u,则 $x_s n_d$ 表示单个技术提供者从技术需求者获得的交叉网络外部性效益,其中,$x_d n_s$、$x_u n_a$ 等参数以此类推。假设平台用户第三方服务机构、技术提供者和技术需求者的示范自网络外部性系数分别为 β_a、β_s 和 β_d,则 $\beta_a(n_a-1)$ 表示单个技术提供者从自身聚焦效应中获得的网络外部性效益,其中,$\beta_s(n_s-1)$、$\beta_d(n_d-1)$ 等参数以此类推。为了进一步简化模型，假设技术提供者与技术需求者均可相互交易1次，则平台上技术交易者的交易次数可表示为 $n_s n_d$，若平台上技术交易者实际交易次数为 N，则平台上技术提供者与技术需求者之间的匹配率 λ_1 可表示为 $\lambda_1 = \dfrac{N}{n_s n_d}$（$0<\lambda_1<1$），则平台技术交易次数可表示为 $\lambda_1 n_s n_d$，并且单个技术提供者和单个技术需求者的交易项数可分别表示为 $\lambda_1 n_d$ 和 $\lambda_1 n_s$；若同理假设平台上技术交易者与第三方服务机构的匹配率为 λ_2（$0<\lambda_2<1$），则平台中第三方服务机构与技术交易者的交易次数可表示为 $\lambda_2(n_s+n_d)n_a$，单个第三方服务机构的交易次数可表示为 $\lambda_2(n_s+n_d)$。技术提供者、技术需求者和第三方服务机构在交易的过程中都需平台为其提供资料审核及相应的对接服务，因此分别假设其交易成本为 c_1、c_2。为简化模型且便于求解，假定平台的单次交易技术（由技术提供者提供）和单次提供服务（由第三方服务机构提供）的成交额分别为 p_1、p_2（均大于0）；单个技术提供者因第三方服务所获期望收益为 μ_1，单个技术需求者因技术成功转移所获期望收益为 μ_2。其中，p_a、p_s 和 p_d 分别为单个第三方服务机构、技术提供者和技术需求者接入平台被平台收取的会员费，并且以年费形式收取；而平台在单次交易中向第三方服务机构、技术提供者和技术需求者收取的交易费分别用 t_a、t_s 和 t_d 表示。本书建模过程中的各种变量及其含义如表5-2所示。

表5-2 变量定义

参数	含义
u_s	单个技术提供者接入平台所获得的净收益
u_d	单个技术需求者接入平台所获得的净收益
u_a	单个第三方服务机构接入平台所获得的净收益
n_s	平台中技术提供者的注册数量
n_d	平台中技术需求者的注册数量
n_a	平台中第三方服务机构的注册数量
C_s	单个技术提供者接入平台带来的运营成本
C_d	单个技术需求者接入平台带来的运营成本
C_a	单个第三方服务机构接入平台带来的运营成本
C_1	技术供需双方的交易成本
C_2	技术交易者与第三方服务机构的交易成本

续表

参数	含义
x_s	技术提供者交叉网络外部性系数
x_d	技术需求者交叉网络外部性系数
x_a	第三方服务机构交叉网络外部性系数
x_u	技术交易者交叉网络外部性系数
β_s	技术提供者示范自网络外部性系数
β_d	技术需求者示范自网络外部性系数
β_a	第三方服务机构示范自网络外部性系数
λ_1	平台技术匹配率（匹配技术供需双方）
λ_2	平台技术匹配率（匹配第三方服务机构与技术交易者）
μ_1	单个技术提供者的期望收益
μ_2	单个技术需求者的期望收益
p_1	技术供需双方单次交易的成交额
p_2	技术交易者与第三方服务机构单次交易的成交额
p_s	单个技术提供者会员费
p_d	单个技术需求者会员费
p_a	单个服务机构会员费（摊位费）
t_s	单个提供者所需交易费
t_d	单个需求者所需交易费
t_a	单个第三方服务机构所需交易费
π	平台利润（π^*表示平台利润最大化）
W	社会总福利（W^*表示社会总福利最大化）

四、不同视角下的定价模型

政府主导平台与民营企业主导平台在经营目标上存在着显著差异，因此本书分别从社会福利最大化、平台利润最大化两种视角建模（见图5-2）。由图5-2可知，技术交易"一站式"服务平台包括三种类型的用户（技术提供者、技术需求者和第三方服务机构），每一类用户存在三种不同的定价模式（注册费、交易费和混合制收费），一共可以形成27种不同组合的定价模式。对此，本书重点考虑平台采用同质化的定价模式，即三类用户同时采用一种定价模式的情况，再以一种差异化的定价模式验证相关结论。

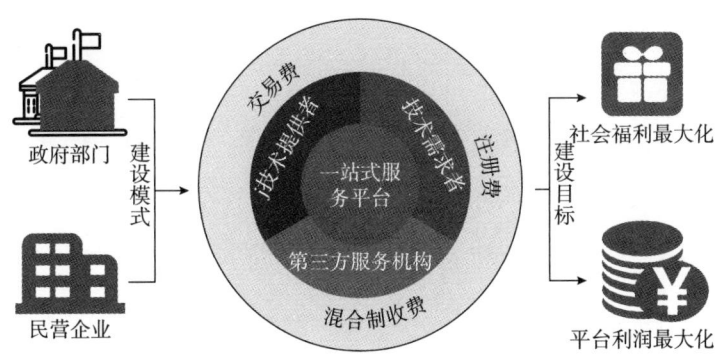

图5-2 两种视角下的建模

（一）平台利润最大化视角下的定价模型

1. 只收取注册费下的定价模型

单个技术提供者、技术需求者和第三方服务机构的净收益函数可分别表示为：

$$u_s = v + x_s n_d + x_u n_a + \beta_s(n_s - 1) + p_1 \lambda_1 n_d + \mu_2 \lambda_2 n_a - p_2 \lambda_2 n_a - p_s \quad (5-1)$$

$$u_d = v + x_d n_s + x_u n_a + \beta_d(n_d - 1) + \mu_1 \lambda_1 n_s - p_1 \lambda_1 n_s + \mu_2 \lambda_2 n_a - p_2 \lambda_2 n_a - p_d \quad (5-2)$$

$$u_a = v + x_a(n_s + n_d) + \beta_a(n_a - 1) + p_2 \lambda_2(n_s + n_d) - p_a \quad (5-3)$$

用户就是否接入平台进行决策时会对获得的效用和平台的定价进行比较，只有当技术提供者从平台中获取的收益大于0（$u_s \geq 0$）时，技术提供者才会接入技术交易平台，并且技术提供者从平台中获取的收益 u_s 越大，平台中聚集的技术提供者 n_s 也会相应增加。技术需求者、第三方服务机构同样满足以上条件。因此，不妨设 $n_s = f_1(u_s)$，$n_d = f_2(u_d)$，$n_a = f_3(u_a)$。

技术交易一站式服务平台的利润函数为：

$$\pi = (p_s - c_s)n_s + (p_d - c_d)n_d + (p_a - c_a)n_a - c_1\lambda_1 n_s n_d - c_2(n_s + n_d)\lambda_2 n_a \tag{5-4}$$

通过对 $\begin{cases} \partial\pi/\partial u_s = 0 \\ \partial\pi/\partial u_d = 0 \\ \partial\pi/\partial u_a = 0 \end{cases}$ 可求出平台利润最大化条件下的价格结构：

$$p_s^* = c_s + n_s/f_1'(u_s) + (c_2 - p_2)\lambda_2 n_a + (c_1 + p_1 - \mu_1)\lambda_1 n_d - \beta_s n_s - x_d n_d - x_u n_a \tag{5-5}$$

$$p_d^* = c_d + n_d/f_2'(u_d) + (c_2 - p_2)\lambda_2 n_a - \beta_d n_d - x_s n_s - x_u n_a + (c_1 - p_1)\lambda_1 n_s \tag{5-6}$$

$$p_a^* = c_a + n_a/f_3'(u_a) - \beta_a n_a - x_a(n_s + n_d) + (c_2 + p_2 - \mu_2)\lambda_2(n_s + n_d) \tag{5-7}$$

将 p_s^*、p_d^*、p_a^* 代入式 (5-4) 中可得：

$$\begin{aligned}\pi^* =\ & n_s^2/f_1'(u_s) + n_d^2/f_2'(u_d) + n_a^2/f_3'(u_a) + (c_1 - \mu_1)\lambda_1 n_s n_d - \\ & \beta_s n_s^2 - \beta_d n_d^2 - \beta_a n_a^2 + (c_2 - \mu_2)\lambda_2(n_s + n_d)n_a - \\ & n_a(x_a + x_u)(n_s + n_d) - (x_s + x_d)n_s n_d\end{aligned} \tag{5-8}$$

由上述数学模型的求解结果可得出以下结论：

(1) 最优注册费 p_s^*、p_d^*、p_a^* 均随平台另一边交叉网络外部性系数和示范自网络外部性系数的增大而减小，因此当交叉网络外部性系数或示范自网络外部性系数较大时，可能会出现某一方或多方的会员费小于零（补贴）的情况，从而吸引更多的用户接入该平台；同时最大化平台利润 π^* 也随供需双方与第三方服务机构的交叉网络外部性系数和示范自网络外部性系数的增大而减小。

(2) 当技术需求者因技术转移所获期望收益 μ_1 较大时（$\mu_1 > p_1 + c_1$），最优注册费 p_s^* 会随平台技术匹配率 λ_1 的增大而减小；最优注册费 p_d^* 与平台技术匹配率 λ_1、λ_2 呈负相关关系；最优注册费 p_a^* 与平台技术匹配率 λ_1 无相关关系。当技术提供者因第三方服务所获期望收益 μ_2 较大时（$\mu_2 > p_2 + c_2$），p_a^* 会随平台技术匹配率 λ_1 的增大而减小；同时，最大化平台利润 π^* 会随平台技术匹配率 λ_1、λ_2 的增大而减小。

2. 收取交易费的定价模型

单个技术提供者、技术需求者和第三方服务机构的净收益函数可分别表示为：

$$u_s = v + x_s n_d + x_u n_a + \beta_s(n_s - 1) + p_1\lambda_1 n_d + \mu_2\lambda_2 n_a - p_2\lambda_2 n_a - t_s\lambda_1 n_d \tag{5-9}$$

$$u_d = v + x_d n_s + x_u n_a + \beta_d(n_d - 1) + \mu_1\lambda_1 n_s + p_1\lambda_1 n_d + \mu_2\lambda_2 n_a - p_2\lambda_2 n_a - t_d\lambda_1 n_s \tag{5-10}$$

$$u_a = v + x_a(n_s + n_d) + \beta_a(n_a - 1) + p_2\lambda_2(n_s + n_d) - t_a(n_s + n_d)\lambda_2 \tag{5-11}$$

技术交易"一站式"服务平台的利润函数为：

$$\pi = (t_s + t_d)\lambda_1 n_s n_d + (t_a - c_2)(n_s + n_d)\lambda_2 n_a - (c_s n_s + c_d n_d + c_a n_a) - c_1\lambda_1 n_s n_d \tag{5-12}$$

通过对 $\begin{cases} \partial\pi/\partial u_s = 0 \\ \partial\pi/\partial u_d = 0 \\ \partial\pi/\partial u_a = 0 \end{cases}$ 可求出平台利润最大化条件下的价格结构：

$$t_s^* = c_1 + p_1 - \mu_1 + \frac{c_s + n_s/f_1'(u_s) + (c_2 - p_2)\lambda_2 n_a - \beta_s n_s - x_d n_d - x_u n_a}{\lambda_1 n_d} \tag{5-13}$$

$$t_d^* = c_1 - p_1 + \frac{c_d + n_d/f_2'(u_d) + (c_2 - p_2)\lambda_2 n_a - \beta_d n_d - x_s n_s - x_u n_a}{\lambda_1 n_s} \tag{5-14}$$

$$t_a^* = c_2 + p_2 - \mu_2 + \frac{c_a + n_a/f_3'(u_a) - \beta_a n_a - x_a(n_s + n_d)}{(n_s + n_d)\lambda_2} \tag{5-15}$$

将 t_s^*、t_d^*、t_a^* 代入式（5-12）中可得：

$$\pi^* = n_s^2/f_1'(u_s) + n_d^2/f_2'(u_d) + n_a^2/f_3'(u_a) + (c_1 - \mu_1)\lambda_1 n_s n_d - \beta_s n_s^2 - \beta_d n_d^2 - \beta_a n_a^2 + (c_2 - \mu_2)\lambda_2(n_s + n_d)n_a - n_a(x_a + x_u)(n_s + n_d) - (x_s + x_d)n_s n_d \tag{5-16}$$

由上述模型的求解结果可得出以下结论：

收取交易费时，平台利润最大化条件下的最优交易费 t_s^*、t_d^*、t_a^* 与交叉网络外部性系数、示范自网络外部性系数等因素的关系和收取注册费时的结论（1）基本一致。其中，平台技术匹配率 λ_1 与 t_s^*、t_d^* 呈负相关关系，而与 t_a^* 无相关关系；当 $c_2 > p_2$ 时，t_s^*、t_d^* 随平台技术匹配率 λ_2 的增大而增大，而 t_a^* 却随平台技术匹配率 λ_2 的增大而减小。

3. 混合制收费的定价模型

单个技术提供者、技术需求者以及第三方服务机构的净收益函数可分别表示为：

$$u_s = v + x_s n_d + x_u n_a + \beta_s(n_s - 1) + p_1\lambda_1 n_d + \mu_2\lambda_2 n_a - p_2\lambda_2 n_a - t_s\lambda_1 n_d - p_s \tag{5-17}$$

$$u_d = v + x_d n_s + x_u n_a + \beta_d(n_d - 1) + \mu_1\lambda_1 n_s + p_1\lambda_1 n_d + \mu_2\lambda_2 n_a - p_2\lambda_2 n_a - t_d\lambda_1 n_s - p_d \tag{5-18}$$

$$u_a = v + x_a(n_s + n_d) + \beta_a(n_a - 1) + p_2\lambda_2(n_s + n_d) - t_a\lambda_2(n_s + n_d) - p_a \tag{5-19}$$

技术交易"一站式"服务平台的利润函数为：

$$\pi = (t_s + t_d - c_1)\lambda_1 n_s n_d + (t_a - c_2)n_a(n_s + n_d)\lambda_2 + (p_s - c_s)n_s + (p_d - c_d)n_d + (p_a - c_a)n_a \tag{5-20}$$

通过对 $\begin{cases} \partial\pi/\partial u_s = 0 \\ \partial\pi/\partial u_d = 0 \\ \partial\pi/\partial u_a = 0 \end{cases}$ 可求出平台利润最大化条件下的价格结构：

$$p_s^* = c_s + n_s/f_1'(u_s) + (c_2 - p_2)\lambda_2 n_a + (c_1 + p_1 - \mu_1 - t_s)\lambda_1 n_d - \beta_s n_s - x_d n_d - x_u n_a \tag{5-21}$$

$$p_d^* = c_d + n_d/f_2'(u_d) + (c_2 - p_2)\lambda_2 n_a - \beta_d n_d - x_s n_s - x_u n_a + (c_1 - p_1 - t_d)\lambda_1 n_s \tag{5-22}$$

$$p_a^* = c_a + n_a/f_3'(u_a) - \beta_a n_a - x_a(n_s + n_d) + (c_2 + p_2 - \mu_2 - t_a)\lambda_2(n_s + n_d) \tag{5-23}$$

将 p_s^*、p_d^*、p_a^* 代入式（5-20）中可得：

$$\pi^* = n_s^2/f_1'(u_s) + n_d^2/f_2'(u_d) + n_a^2/f_3'(u_a) + (c_1 - \mu_1)\lambda_1 n_s n_d - \beta_s n_s^2 - \beta_d n_d^2 - \beta_a n_a^2 + (c_2 - \mu_2)\lambda_2(n_s + n_d)n_a - n_a(x_a + x_u)(n_s + n_d) - (x_s + x_d)n_s n_d \tag{5-24}$$

由上述计算结果可得出以下初步结论：

混合制收费时，平台利润最大化条件下的最优交易费 p_s^*、p_d^*、p_a^* 与交叉网络外部性系数、示范自网络外部性系数等因素的关系和收取注册费定价模型分析的结论（1）基本一致。当 $c_1 + p_1 > \mu_1 + t_s$ 时，p_s^* 会随平台技术匹配率 λ_1 的增大而增大；当 $c_1 > p_1 + t_d$ 时，p_d^* 会随平台技术匹配率 λ_1 的增大而增大；当 $c_2 > p_2$ 时，p_s^*、p_d^* 会随着平台技术匹配率 λ_2 的增大而增大。

（二）社会福利最大化视角下的定价模型

社会总福利函数可表示为：

第五章 双目标多主体下的技术交易"一站式"服务平台定价模式研究

$$W = \pi + n_s u_s + n_d u_d + n_a u_a \tag{5-25}$$

1. 只收取注册费下的定价模型

结合式（5-4）以及式（5-25）可得出注册费下技术交易"一站式"服务平台的社会总福利函数为：

$$W = (p_s - c_s)n_s + (p_d - c_d)n_d + (p_a - c_a)n_a + n_s u_s + n_d u_d + n_a u_a - c_1 \lambda_1 n_s n_d - c_2(n_s + n_d)\lambda_2 n_a \tag{5-26}$$

代入式（5-1）、式（5-2）、式（5-3），在化简过程中发现社会总福利函数中的与注册费相关的价格参数 p_s、p_d 和 p_a 前后抵消，由此可得出技术交易"一站式"服务平台的社会总福利函数：

$$W = v(n_s + n_d + n_a) + \beta_s n_s(n_s - 1) + \beta_d n_d(n_d - 1) + (\mu_2 - c_2)\lambda_2 n_a (n_s + n_d) - c_s n_s - c_d n_d - c_a n_a + (x_s + x_d)n_s n_d + \beta_a n_a(n_a - 1) + (x_a + x_u)(n_s + n_d)n_a + (\mu_1 - c_1)\lambda_1 n_s n_d \tag{5-27}$$

从上述计算结果，可得出以下初步结论：

（1）平台的注册收费模式与平台的社会总福利无相关关系，仅与示范自网络外部性系数、交叉网络外部性系数的各种参数以及平台中技术交易者、第三方服务机构的数量有关。

（2）社会总福利函数 W 会随着示范自网络外部性系数（β_s、β_d、β_a）、交叉网络外部性系数（x_s、x_d、x_a、x_u）以及技术提供者 n_s、技术需求者 n_d 和第三方服务机构 n_a 的增大而增大。

（3）当技术需求者因技术转移所获期望收益 μ_1 较大时（$\mu_1 > c_1$），W 会随平台技术匹配率 λ_1 的增大而增大；同理，当 $\mu_2 > c_2$ 时，W 会随平台技术匹配率 λ_1 的增大而增大。反之，W 会随平台技术匹配率 λ_1 的增大而减小。

2. 收取交易费的定价模型

结合式（5-12）以及式（5-25）可得出交易费下技术交易"一站式"服务平台的社会总福利函数为：

$$W = (t_s + t_d)\lambda_1 n_s n_d + (t_a - c_2)(n_s + n_d)\lambda_2 n_a - c_1 \lambda_1 n_s n_d - (c_s n_s + c_d n_d + c_a n_a) + n_s u_s + n_d u_d + n_a u_a \tag{5-28}$$

同理，代入式（5-9）、式（5-10）、式（5-11），在化简过程中发现社会福利函数中的与交易费相关的价格参数 t_s、t_d 和 t_a 前后抵消，由此可得出技术交易"一站式"服务平台的社会总福利函数：

$$W = v(n_s + n_d + n_a) + \beta_s n_s(n_s - 1) + \beta_d n_d(n_d - 1) + (\mu_2 - c_2)\lambda_2 n_a (n_s + n_d) - c_s n_s - c_d n_d - c_a n_a + (x_s + x_d)n_s n_d + \beta_a n_a(n_a - 1) +$$

$$(x_a + x_u)(n_s + n_d)n_a + (\mu_1 - c_1)\lambda_1 n_s n_d \tag{5-29}$$

由上述模型求解结果可知：收取交易费时，平台的社会总福利函数与定价策略无相关关系，其他方面与社会福利最大化视角下注册收费模式得出的结论基本相同。

3. 混合制收费的定价模型

结合式（5-20）以及式（5-25）可得出混合制收费下技术交易"一站式"服务平台的社会福利函数为：

$$W = (t_s + t_d - c_1)\lambda_1 n_s n_d + (t_a - c_2)n_a(n_s + n_d)\lambda_2 + (p_s - c_s)n_s +$$
$$(p_d - c_d)n_d + (p_a - c_a)n_a + n_s u_s + n_d u_d + n_a u_a \tag{5-30}$$

同理，代入式（5-17）、式（5-18）、式（5-19），在化简过程中发现社会总福利函数中的与混合制收费相关的价格 p_s、p_d、p_a、t_s、t_d 和 t_a 前后抵消，由此可得出技术交易"一站式"服务平台的社会总福利函数：

$$W = v(n_s + n_d + n_a) + \beta_s n_s(n_s - 1) + \beta_d n_d(n_d - 1) + (\mu_2 - c_2)\lambda_2 n_a$$
$$(n_s + n_d) - c_s n_s - c_d n_d - c_a n_a + (x_s + x_d)n_s n_d + \beta_a n_a(n_a - 1) +$$
$$(x_a + x_u)(n_s + n_d)n_a + (\mu_1 - c_1)\lambda_1 n_s n_d \tag{5-31}$$

由上述模型求解结果可知：混合制收费时，平台的社会福利函数与定价策略无相关关系，其他方面与社会福利最大化视角下注册收费模式的相关结论基本相同。

综合三种情况下的社会总福利函数，如式（5-27）、式（5-29）、式（5-31）所示，可以发现，不管平台采用上述何种定价模式，技术需求者、技术提供者、第三方服务机构和平台之间的价值是相互转移的；若平台收益下降，则下降部分收益必然转移到了平台用户，这种平台内部价值转移并不影响总的社会福利，因此社会总福利不变。

五、数值仿真与分析

（一）平台利润最大化下的数学模型仿真

通过对上面数学模型的分析发现，平台在采用三种同质化的定价模式下，平台的利润函数如式（5-4）、式（5-12）、式（5-20）所示各不相同。为此平台希望不断优化定价结构以获取更高的利润，然而当平台的规模、技术资源和运营成本一定的情况下，平台所能获取的利润一定存在上限，平台通过不断优化定价结构逐渐逼近所能获取的最大利润这个上限，并不能改变该上限。正如式（5-8）、式（5-16）、式（5-24）所示，平台在不同定价模式的理想状态下，能获取的最大利润是一样的。为此，本书主要分析平台利润最大化的条件下各种模式的最优定价结构与平台利润之间的关系，以便实现平台利润最大化：首先，分析多主体双边市场中的技术交易者（技术提供者、技术需求者）、第三方服务机构的数量变化对平台利润变动的敏感度；其次，分析双主体双边市场中的技术提供者以及技术需求者的数量变化对平台利润变动的敏感度；最后，通过分析找出影响平台利润最大化的因素，并结合定价模式调节该因素，从而实现平台利润最大化。为了对模型进一步分析，本书采用 MATLAB 数学工具对定价模型进行数值仿真分析，并假设仿真条件如表 5-3 所示。

表 5-3 模型仿真条件

参数或变量	取值或取值范围
交易平台的需求方数量	[0, 10000]
交易平台的供应方数量	[0, 10000]
交易平台的广告商数量	[0, 10000]
平台技术匹配率（λ_1、λ_2）	0.001
单个用户增加平台运营成本（C_a、C_s、C_d）	100、80、50
平台单笔交易成本	1000
网络外部性	0.02
交叉网络外部性	0.03

首先，通过上述数学模型对技术交易者（技术供需双方）、第三方服务机构与平台利润之间的关系进行数学仿真（见图 5-3）。从图 5-3 左半部分可以发现，平台利润随着技术交易者与第三方服务机构数量的增加而增加，平台前期基本都是亏损状态，随着平台发展到一定的规模，平台才开始盈利。图 5-3 的右半部分是其左半部分的等高线二维图像，从中可以看出，初期技术交易者每加入平台 2 万人所带给平台的利润相当于 4 万个第三方服务机构加入平台带来的收益，由此可知前期技术交易者对平台利润的敏感度要远远高于第三方服务机构；但通过图 5-3 的左半部分可以看出，随着双方数量的不断增加，它们之间的敏感度差距正在逐渐缩小。因此，前期制定的定价策略应当偏向技术交易

者,随着后期平台规模增加以及相关制度的完善,专业的第三方服务机构在平台中会扮演着越来越重要的角色。

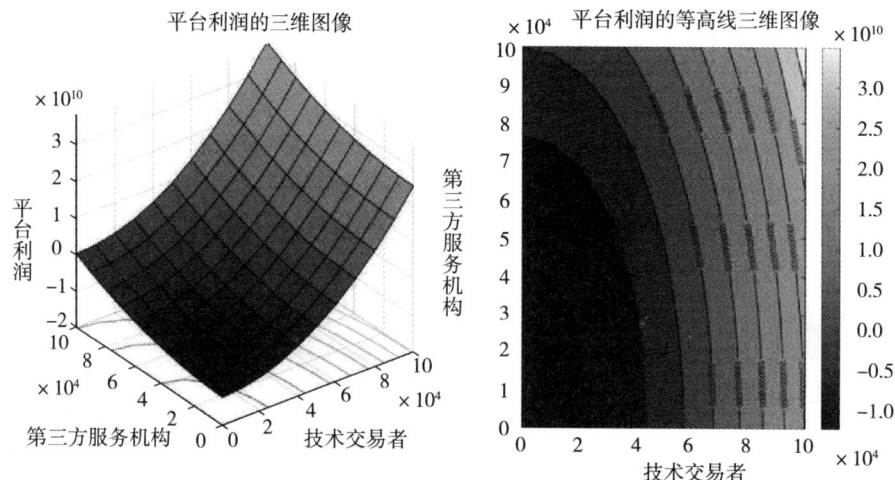

图 5-3 第三方服务机构和技术交易者与平台利润的仿真图像

其次,对三种定价模式下第三方服务机构的最优价格结构与第三方服务机构数量的关系进行仿真(见图 5-4)。从图 5-4 中可以看出,最优交易收费模式后期的价格要低于其他两种定价模式,同时从图 5-3 中可以看出,平台后期应着重发展第三方服务机构,为此平台后期可采用交易收费模式的低价策略来吸引更多的第三方服务机构入驻平台,以便为技术交易者提供更丰富、更专业的第三方服务。

最后,由定价模型模拟出技术提供者、技术需求者以及平台利润三者之间的仿真图像(见图 5-5)。图 5-5 的左半部分得出的结论基本和图 5-3 的左半部分的结论一致。从图 5-5 的右半部分可以看出,技术提供者、技术需求者对平台利润的敏感度基本相同,即平台每增加一个技术提供者或技术需求者给平台带来的利润基本相同。为此,本书便以技术交易者中的技术需求者为例,对其注册费、交易收费以及混合收费模式下的最优价格结构与技术需求者数量的关系进行仿真(见图 5-6)。但同时考虑到平台在建设时需要投入大量资金,而且初期规模较小、交易成本较高,为此平台在前期一直处于亏损状态,需要采取相对较高的混合制定价模式以维持平台的持续运营。

通过上述分析可以得出:在平台发展初期,平台规模较小且交易成本较高,平台可采用混合制收费的定价模式以维持平台的运营与发展;随着平台的逐渐成长,用户规模扩大且匹配技术不断完善,平台可逐步过渡至交易收费的定价模式。

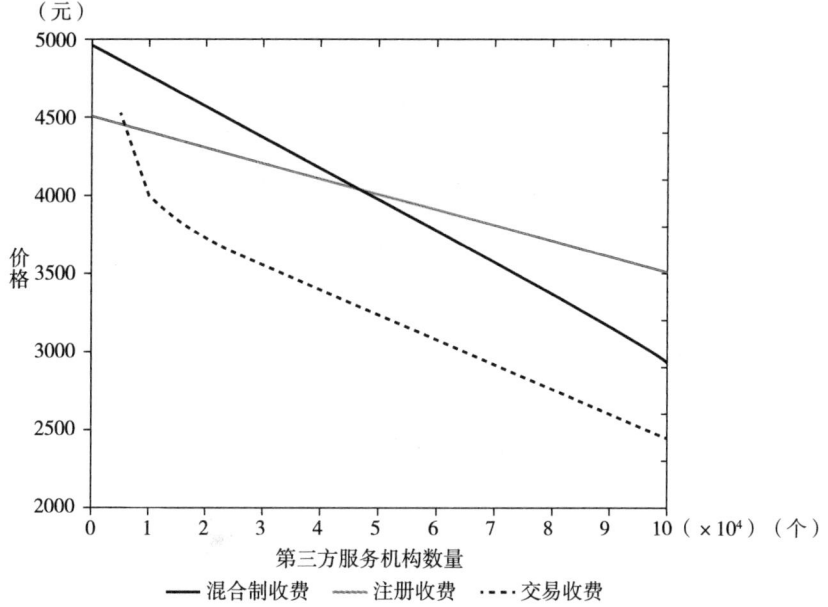

图 5-4　第三方服务机构在三种不同定价模式下的最优定价

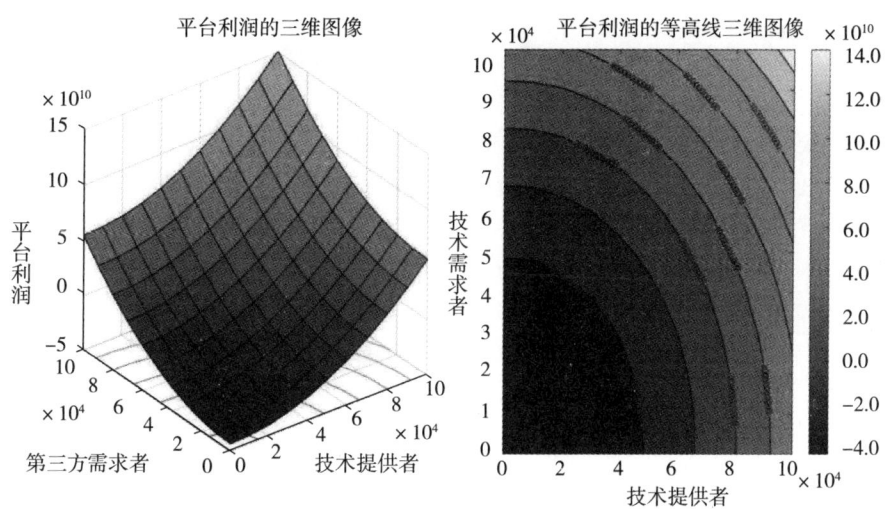

图 5-5　技术供需双方与平台利润的仿真图像

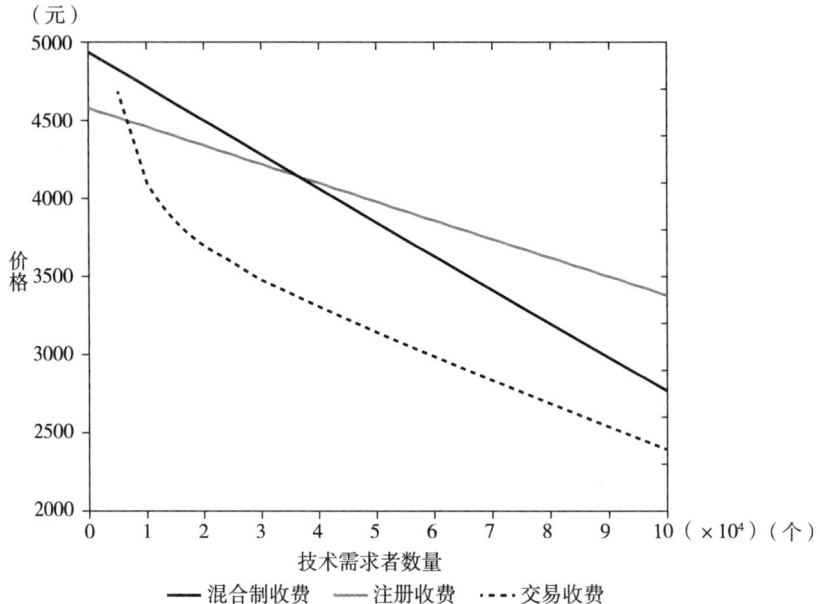

图 5-6 技术需求者三种不同定价模式下的最优定价

(二)社会福利最大化下的数学模型仿真

由上述数学模型分析可知,只有两种方式可提高平台的社会总福利。一是从外部提升,增加平台用户;二是从内部提升,提高平台的网络外部性系数、交叉网络外部性系数以及平台技术匹配率等。本书主要讨论平台技术匹配率(λ_1、λ_2)与社会总福利之间的相互关系,并假设仿真条件如表 5-4 所示。

表 5-4 模型仿真条件

参数或变量	取值或取值范围
交易平台的需求方数量	10000
交易平台的供应方数量	10000
交易平台的广告商数量	1000
平台技术匹配率	[0.001, 0.01]
单个用户增加平台运营成本(C_a、C_s、C_d)	100、80、50

第五章 双目标多主体下的技术交易"一站式"服务平台定价模式研究

续表

参数或变量	取值或取值范围
平台单笔交易成本	1000
网络外部性	0.02
交叉网络外部性	0.03

通过图 5-7 可知，社会总福利会随着平台技术匹配率（λ_1、λ_2）的增加而增加，其中，平台技术双方匹配率 λ_1 相较于平台服务匹配率 λ_2 对社会福利的影响更大。但随着我国技术交易体系更加完善，专业的第三方服务机构在技术交易过程中会变得越来越重要，随即平台服务匹配率 λ_2 的重要性也会相继增加。平台的匹配技术只有通过平台的不断发展和对新的算法的不断学习才能得以提高，这也是平台提高收益、增加社会总福利的核心竞争力。

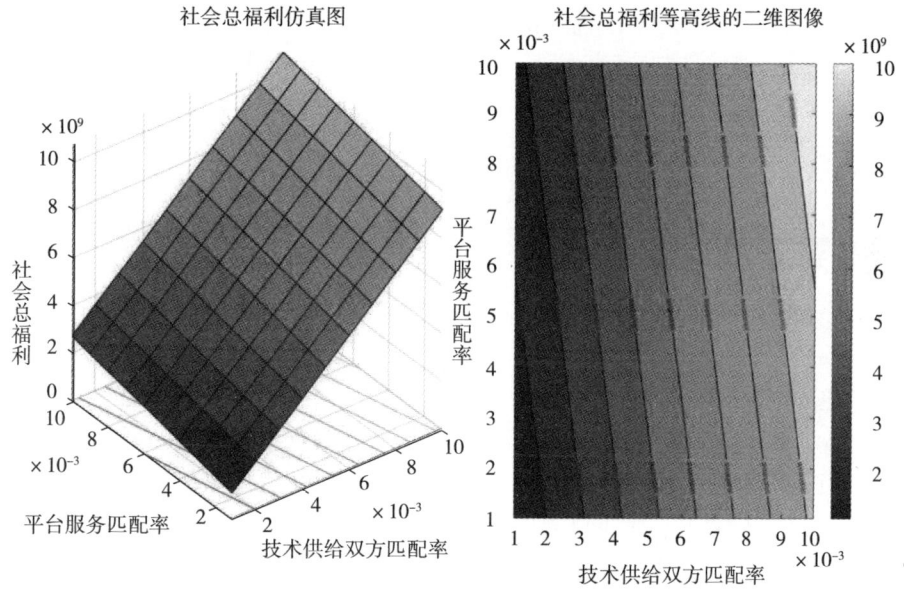

图 5-7 不同 λ_1 和 λ_2 下社会福利最大化的仿真图像

（三）目标变迁下的定价模式分析

综合以上分析，本书总结出了不同目标变迁下技术交易"一站式"服务平台最优定价策略的变化规律,具体如图 5-8 所示。由图 5-8 可以看出,随着技术交易"一站式"服务市场化的程度不断升高,不同定价模式之间的差异程度逐渐增大。具体而言,当技术交易平台市场化程度较低时,政府作为平台建设者,以社会福利最大化为目标。此时,社会福利与平台定价模式无关,尽管三种定价模式的效果在理论上并不存在显著差异。但是,实际操作中,政府主导建设平台主要采用交易收费模式,通过对技术交易成功的参与者予以免税、财政补贴以及技术扶持等相关政策拓展用户基础,同时对成功范例予以宣传提高用户间的吸引。随着技术交易市场、用户习惯以及法律规范的完善和成熟,技术交易平台市场化程度不断提升。此时,企业作为平台主导者,强调利润最大化,而随着平台经营周期的改变,三种定价模式的效果也呈现出较大差异。其中,平台前期适宜采用混合制收费,而平台后期交易收费的定价策略可以获取最大利润。

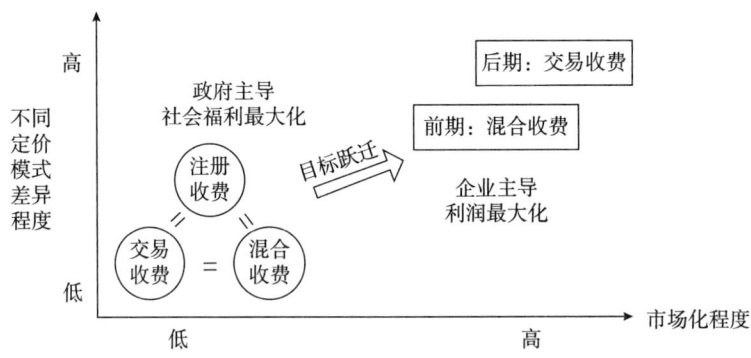

图 5-8　目标变迁下的定价模式

(四) 验证分析

为了搞清楚平台对不同用户采用的同质化定价模式得出的结论是否也适用于差异化的定价模式,本书针对差异化定价模式其中的一种(技术提供者采用交易收费、技术需求者采用注册收费、第三方服务机构采用混合制收费)对上述结论进行验证。

1. 平台利润最大化的定价模型

单个技术提供者、技术需求者和第三方服务机构的净收益函数可分别表示为:

$$u_s = v + x_s n_d + x_u n_a + \beta_s (n_s - 1) + p_1 \lambda_1 n_d + \mu_2 \lambda_2 n_a - p_2 \lambda_2 n_a - t_s \lambda_1 n_d$$

(5-32)

$$u_d = v + x_d n_s + x_u n_a + \beta_d(n_d - 1) + \mu_1 \lambda_1 n_s - p_1 \lambda_1 n_s + \mu_2 \lambda_2 n_a - p_2 \lambda_2 n_a - p_d \tag{5-33}$$

$$u_a = v + x_a(n_s + n_d) + \beta_a(n_a - 1) + p_2 \lambda_2 (n_s + n_d) - t_a \lambda_2 (n_s + n_d) - p_a \tag{5-34}$$

技术交易 "一站式" 服务平台的利润函数为：

$$\pi = t_s \lambda_1 n_s n_d - c_s n_s + (p_d - c_d) n_d + t_a \lambda_2 n_a (n_s + n_d) + (p_a - c_a) n_a - c_1 \lambda_1 n_s n_d - c_2 (n_s + n_d) \lambda_2 n_a \tag{5-35}$$

通过对 $\begin{cases} \partial \pi / \partial u_s = 0 \\ \partial \pi / \partial u_d = 0 \\ \partial \pi / \partial u_a = 0 \end{cases}$ 可求出平台利润最大化条件下的价格结构：

$$t_s^* = c_1 + p_1 - \mu_1 + \frac{c_s + n_s / f_1'(u_s) + (c_2 - p_2) \lambda_2 n_a - \beta_s n_s - x_d n_d - x_u n_a}{\lambda_1 n_d} \tag{5-36}$$

$$p_d^* = c_d + n_d / f_2'(u_d) + (c_2 - p_2) \lambda_2 n_a - \beta_d n_d - x_s n_s - x_u n_a + (c_1 - p_1) \lambda_1 n_s \tag{5-37}$$

$$p_a^* = c_a + n_a / f_3'(u_a) - \beta_a n_a - x_u (n_s + n_d) + (c_2 + p_2 - \mu_2 - t_a) \lambda_2 (n_s + n_d) \tag{5-38}$$

若这种差异化的定价模式前期也采用混合制收费，即技术需求者需从交易收费的最优定式（5-37）转向混合制收费的最优定价式（5-17）。为此本书对这两种定价模式做简单的比较分析，用混合制最优定价减去交易收费最优定价可得式（5-39）。

$$p_s^{混合制} + t_s^{混合制} - t_s^{交易} = \frac{(\lambda_1 n_d - 1) p_s^{混合制}}{\lambda_1 n_d} \tag{5-39}$$

在平台企业初期，技术交易者间的匹配率 λ_1 以及平台的技术需求者 n_d 的数量都相对较小，存在 $\lambda_1 n_d - 1 < 0$。其中，$\lambda_1 n_d$ 和 $p_s^{混合制}$ 均大于 0，故 $\frac{(\lambda_1 n_d - 1) p_s^{混合制}}{\lambda_1 n_d} < 0$，即初期技术提供者的最优交易定价大于其混合定价，但若技术交易者由交易收费转向混合制收费不符合平台前期采用高定价以维持平台前期运营的策略。因此，对平台用户采用同质化定价模式得出的前期混合制收费、后期交易收费的结论并不适用于差异化定价模式。

2. 平台社会福利最大化的定价模型

结合式（5-25）以及式（5-35）可得出技术交易一站式服务平台的社会总

福利函数为：

$$W = t_s\lambda_1 n_s n_d - c_s n_s + (p_d - c_d)n_d + t_a\lambda_2 n_a(n_s + n_d) + (p_a - c_a)n_a - c_1\lambda_1 n_s n_d - c_2(n_s + n_d)\lambda_2 n_a + n_s u_s + n_d u_d + n_a u_a$$
(5-40)

代入式（5-32）、式（5-33）、式（5-34），在化简过程中发现社会总福利函数中有关价格参数 p_s、p_d 以及 p_a 前后抵消，由此可得出技术交易"一站式"服务平台的社会总福利函数：

$$W = v(n_s + n_d + n_a) + \beta_s n_s(n_s - 1) + \beta_d n_d(n_d - 1) + (\mu_2 - c_2)\lambda_2 n_a(n_s + n_d) - c_s n_s - c_d n_d - c_a n_a + (x_s + x_d)n_s n_d + \beta_a n_a(n_a - 1) + (x_a + x_u)(n_s + n_d)n_a + (\mu_1 - c_1)\lambda_1 n_s n_d$$
(5-41)

经过计算发现，平台采用差异化定价模式得出的社会总福利函数与同质化定价模式得出的社会总福利函数均相同，进一步验证了平台的定价模式与平台的社会福利无关。

六、小结

本书以双边市场为理论基础，首先，构建了不同视角下技术交易"一站式"服务平台采用同质化定价模式时的定价模型，并通过数值仿真分析得出相关结论；其次，针对差异化定价模式中的一种（技术提供者采用交易收费、技术需求者采用注册收费、第三方服务机构采用混合制收费）对相关结论进行验证，得出以下结论：

（1）对于企业来说，在平台发展初期，平台规模较小且交易成本较高，平台可采用混合制收费的定价模式以维持平台的持续发展；随着平台的逐渐成长，用户规模扩大且匹配技术不断完善，平台可逐步过渡至交易收费的定价模式。平台的核心业务是为技术交易提供服务与便利，不仅为平台发展积累技术交易者，而且为平台的技术交易者提供优质的第三方服务。

（2）对政府来说，其目标社会福利与定价策略无关，需通过两种方式提高平台的社会福利。一是从外部提升，由于最优社会福利与平台用户数量呈正相关关系，因此政府可通过免税、奖励等补贴政策扩展用户基础；二是从内部提升，由于平台社会福利与示范自网络外部性系数（β_s、β_d、β_a）、交叉网络外部性系数（x_s、x_d、x_a、x_u）以及平台技术匹配率（λ_1、λ_2）等相关系数呈正相关关系，因此政府应加强技术交易一站式服务平台成功范例的宣传工作，以提高平台用户间的相互吸引作用，同时政府部门应着实加强平台信息匹配能力建设以及技术交易的相关法律建设。

（3）对技术交易市场来说，平台建设前期由政府引导，后期由企业主导。现阶段我国技术交易"一站式"服务平台正处于建设与转型阶段，发展并不成熟和完善，因此前期平台建设需以社会福利最大化为目标。政府投入大量的人力、物力以及财力进行补贴，扩展用户基础与培养用户习惯，有利于促进线上技术交易平台的长期快速发展。后期随着技术交易平台建设与法律建设的不断完善与成熟，平台以利润最大化为目标制定价格策略带动私营企业资本进入该领域，进而促进技术交易领域的繁荣发展。

（4）当平台采用差异化定价模式时，上述结论会存在一定偏差。其中，结论（1）得出的前期混合制收费、后期交易收费的定价模式并不适用于差异化定价模式的平台企业，而对于政府部门以及技术交易市场而言，结论（2）和结论（3）却仍适用于差异化定价模式。

本书也存在不足之处。为了计算简单，本书仅分析了平台采用同质化定价模式的情况，并以一种差异化的定价模式予以验证，未对差异化定价模式进行深入探讨；同时，本书只考虑了垄断情况下的技术交易一站式服务平台，还可以将模型扩展到竞争下的技术交易一站式服务平台，这些都是后续可以继续深入研究的问题。

参考文献

[1] Acken J. M. How Watermarking Adds Value to Digital Content. [J]. Communications of the Acm, 1998, 41 (7): 74-77.

[2] Amira Laïfi, Josserand E. Legitimation in Practice: A new Digital Publishing Business Model [J]. Journal of Business Research, 2016, 69 (7): 2343-2352.

[3] Anthony F. J. Patent Citations Analysis and Its Value in Research Evaluation: A Review and a New Approach to Map Technology-relevant Research [J]. Journal of Data and Information Science, 2017, 2 (1): 13-50.

[4] Ariff, Mohd. Shoki Md. Consumer Perceived Risk, Attitude and Online Shopping Behaviour: Empirical Evidence from Malaysia [J]. Journal of Urban Planning & Development, 2004..

[5] Armstrong M. Competition in Two-sided Markets [J]. The RAND Journal of Economics, 2006, 37 (3): 668-691.

[6] Athey S., Calvano E., Gans J. S., et al. The Impact of Consumer Multi-homing on Advertising Markets and Media Competition [J]. Management Science, 2018, 64 (4): 1574-1590.

[7] Attard J., Orlandi F., Auer S. Data Value Networks: Enabling a New Data Ecosystem [A] // IEEE/WIC/ACM International Conference on Web Intelligence [M]. Omaha: IEEE, 2017: 453-456.

[8] Aye G., Gupta R., Hammoudeh S., et al. Forecasting the Price of Gold Using Dynamic Model Averaging [J]. International Review of Financial Analysis, 2015 (41): 257-266.

[9] Bause T., Ng S. Multi-channel Digital Content Watermark System and Method: US 20120300971 A1 [P]. 2012-11-29.

[10] Bearden W. O., Teel J. E. Selected Determinants of Consumer Satisfaction and Complaint Reports [J]. Journal of Marketing Research, 1983, 20 (1): 21-28.

[11] Bessen J. Estimates of Patent Rents from Firm Market Value [J]. Social Science Electronic Publishing, 2009, 38 (10): 1604-1616.

[12] Black F., Scholes M. The Pricing of Options and Corporate Liabilities [J]. Journal of Political Economy, 1973, 81 (3): 637-654.

[13] Bonnie J. Knutson, Arjun J. Singh, Hung-Hsu Yen, Barbara Everitt Bryant. Guest Satisfaction in the U. S. Lodging Industry Using the ACSI Model as a Service Quality Scoreboard [J]. Journal of Quality Assurance in Hospitality and Tourism, 2004, 4 (3-4): 97-118.

[14] Breiman L. Random Forests [J]. Machine Learning, 2001, 45 (1): 5-32.

[15] Bryan L. Bonner, Michael R. Baumann, and Reeshad S. Dalal. The Effects of Member Expertise on Group Decision-making and Performance [J]. Organizational Behavior and Human Decision Processes, 2002, 88 (2): 719-736.

[16] Chang M. S., Park S. H., and Lee Y. S. Method and Apparatus for Protecting Digital Content Using Device Authentication: SU20130219507A1 [P]. 2013-08-22.

[17] Chen C. Cite Space II: Detecting and Visualizing Emerging Trends and Transient Patterns in Scientific Literature [J]. Journal of the Association for Information Science & Technology, 2014, 57 (3): 359-377.

[18] Chen Shih Chih, C. P. Lin. The Impact of Customer Experience and Perceived Value on Sustainable Social Relationship in Blogs: An Empirical Study [J]. Technological Forecasting and Social Change, 2015 (96): 40-50.

[19] Chia Y. T. Digital Rights Management System and Method for Protecting Digital Content: US 20120303967 A1 [P]. 2012-11-29.

[20] Chi Y. The E-volution of Publishing: Challenges and Opportunities in the Digital Age [J]. Publishing Research Quarterly, 2014, 30 (4): 344-351.

[21] Chou C. Y., Chou P. Y., and Lin Y. C. Digital Content and Right Object Management Systems and Methods: US 20120042173 A1 [P]. 2012-02-16.

[22] Dahlan Abdullah, K. Jayaraman, and S. B. M. Kamal. A Conceptual Model of Interactive Hotel Website: The Role of Perceived Website Interactivity and Customer Perceived Value Toward Website Revisit Intention [J]. Procedia Economics and Finance, 2016 (37): 170-175.

[23] Dan J. Kim, Donald L. Ferrin, and H. Raghav Rao. A Trust-based Consumer Decision-making Model in Electronic Commerce: The Role of Trust, Perceived Risk, and Their Antecedents [J]. Decision Support Systems, 2008, 44 (2): 544-564.

[24] Danuta A. N. Customer Service Excellence: A Concise Guide for

Librarians [J]. The Journal of Academic Librarianship, 1997, 23 (6): 530-531.

[25] Diebold F. X. On the Origin (s) and Development of the Term C= Big Data [J]. PIER Working Paper Archive, 2012.

[26] Dou G., He P. Value-added Service Investing and Pricing Strategies for a Two-sided Platform under Investing Resource Constraint [J]. Journal of Systems Science and Systems Engineering, 2017, 26 (5): 609-627.

[27] En-Chi Chang, Ya-Fen Tseng. Research Note: E-store Image, Perceived Value and Perceived Risk [J]. Journal of Business Research, 2013, 66 (7): 864-870.

[28] Ercan S., Kayakutlu G. Patent Value Analysis Using Support Vector Machines [J]. Soft Computing, 2014, 18 (2): 313-328.

[29] Evans D. S. The Antitrust Economics of Multi-Sided Platform Markets [J]. Yale Journal on Regulation, 2003, 20 (2): 325-381.

[30] Fornell C. A National Customer Satisfaction Barome-ter: The Swedish Experience [J]. Journal of Marke-ting, 1992, 56 (1): 6-21.

[31] Forsythe, Sandra M., and B. Shi. Consumer Patronage and Risk Perceptions in Internet Shopping [J]. Journal of Business Research, 2003, 56 (11): 867-875.

[32] Günther Wendy Arianne, Rezazade Mehrizi M. H., Huysman M., et al. Debating Big Data: A Literature Review on Realizing Value from Big Data [J]. The Journal of Strategic Information Systems, 2017, 26 (3): 191-209.

[33] Grisaffe, D. B., Kumar, A. Antecedents and Consequences of Customer Value: Testing an Expanded Framework [D]. Marketing Science Institute, 1998.

[34] Guo L., Meng X. Digital Content Provision and Optimal Copyright Protection [J]. Management Science, 2015, 61 (5): 108-112.

[35] Gustafson T., Fink D. Winning within the Data Value Chain [J]. Strategy and Innovation Newsletter, 2013, 11 (2): 7-13.

[36] Hagiu A, Halaburda H. Information and Two-Sided Platform Profits [J]. International Journal of Industrial Organization, 2014, 34 (1): 25-35.

[37] Hall B. H., Thoma G., Torrisi S. The Market Value of Patent and R&D: Evidence from European Firms [J]. Academy of Management Annual Meeting Proceedings, 2007 (1): 1-6.

[38] Harhoff D., Scherer F. M., Vopel K. Citations, Family Size, Opposition and the Value of Patent Rights [J]. Research Policy, 2003, 32 (8): 1343-1363.

[39] Harhoff D., Scherer F. M., Vopel K. Citations, Family Size, Opposition and the Value of Patent Rights [J]. Research Policy, 2003, 32 (8): 1343-1363.

[40] Hartanto Wong, Dharma Lesmono. On the Evaluation of Product Customization Strategies in a Vertically Differentiated Market [J]. International Journal of Production Economics, 2013, 144 (1): 105-117.

[41] Heckman J. R., Boehmer E. L., Peters E. H., et al. A Pricing Model for Data Markets [A] //iConference 2015 Proceedings [M]. California: iSchools, 2015: 1-12.

[42] Hou J. L., Lin H. Y. A Multiple Regression Model for Patent Appraisal [J]. Industrial Management & Data Systems, 2006, 106 (9): 1304-1332.

[43] Hsiao-Yun Lu, Wann-Yih Wu, Shu-Hui Chen. Influences on the Perceived Value of Medical travel: The Moderating Roles of Risk Attitude, Self-esteem and Word-of-Mouth [J]. Current Issues in Tourism, 2016, 19 (1-7): 477-491.

[44] Hsin Hsin Chang, H. W. Wang. The Moderating Effect of Customer Perceived Value on Online Shopping Behaviour [J]. Online Information Review, 2011, 35 (3): 333-359.

[45] Hsu M, J. The Study of Critically Essential Competences for Digital Publishing Editors [J]. Publishing Research Quarterly, 2014, 30 (1): 11-22.

[46] Huang X. R., Hao T. System of Digital Publishing Policies and Regulations in China [J]. Library Hi Tech, 2014, 32 (3): 397-408.

[47] Huang Y. S., Lin S. H., Fang C. C. Pricing and Coordination with Consideration of Piracy for Digital Goods in Supply Chains [J]. Journal of Business Research, 2017, 77 (8): 30-40.

[48] Hui Xu, Jing G. Interaction Quality Effects on Customer Satisfaction from the Perspective of Customers' Perception—The Empirical Test from Online Stock Trading [A] // Proceedings of 2011 International Conference on E-business and E-government [M]. New York: IEEE, 2011.

[49] Hyun-Hwa Lee, Ann Marie Fiore, Jihyun Kim. The Role of the Technology Acceptance Model in Explaining Effects of Image Interactivity Technology on Consumer Responses [J]. International Journal of Retail and Distribution Management, 2006, 34 (8): 621-644.

[50] Øiestad S., Bugge M. M. Digitisation of Publishing: Exploration Based on Existing Business Models [J]. Technological Forecasting & Social Change, 2014, 83 (3): 54-65.

[51] Jari Veijalainen, Vagan Terziyan, Henry Tirri. Transaction Management for M-commerce at a Mobile Terminal [J]. Electronic Commerce Research and Applications, 2006, 5 (3): 229-245.

[52] Kannan P. K., Kline Pope B., Chang A. M. Pricing Product Lines of Digital Content: A Model Using Online Choice Experiment [A] // Proceedings of the 41st Hawaii International Conference on System Sciences [M]. New York: IEEE, 2008: 300-300.

[53] Kannan P. K., Pope B. K., Jain S. Practice Prize Winner—Pricing Digital Content Product Lines: A Model and Application for the National Academies Press [J]. Marketing Science, 2009, 28 (4): 620-636.

[54] Kim Changsu, Galliers D. D., Shin N., et al. Factors Influencing Internet Shopping Value and Customer Repurchase Intention [J]. Electronic Commerce Research and Applications, 2012, 11 (4): 374-387.

[55] Klamet A. Make or buy? A Qualitative Analysis of the Organizational Handling of Digital Innovations in the German book Publishing Sector [J]. Publishing Research Quarterly, 2016, 33 (1): 1-15.

[56] Kort P. M., Taboubi S., Zaccour G. Pricing Decisions in Marketing Channels in the Presence of Optional Contingent Products [J]. Central European Journal of Operations Research, 2018 (2): 1-26.

[57] Koufaris Marios. Applying the Technology Acceptance Model and Flow Theory to Online Consumer Behavior [J]. Information Systems Research, 2002, 13 (2): 205-223.

[58] Lanjouw J. O., Schankerman M. Characteristics of Patent Litigation: A Window on Competition [J]. Rand Journal of Economics, 2001, 32 (1): 129-151.

[59] Lanjouw J. O., Pakes A., Putnam J. How to Count Patents and Value Intellectual Property: Uses of Patent Renewal and Application Data [J]. Journal of Industrial Economics, 1998, 46 (4): 405-432.

[60] Lanjouw J. O. Patent Protection in the Shadow of Infringement: Simulation Estimations of Patent Value [J]. Review of Economic Studies, 2010, 65 (4): 671-710.

[61] Lawryshyn Y., Collan M., Luukka P., Fedrizzi M. New Procedure for Valuing Patents under Imprecise Information with a Consensual Dynamics Model and a Real Options Framework [J]. Expert Systems with Applications, 2017, 86 (5): 155-164.

[62] Lee. Exclusion and Coordination in Collaborative Innovation and Patent Law [J]. International Journal of Intellectual Property Management, 2009, 3 (3): 79-93.

[63] Lee K. S., Tan S. J. E-retailing Versus Physical Retailing: A Theoretical Model and Empirical Test of Consumer Choice [J]. Journal of Business Research, 2003, 56 (11): 877-885.

[64] Lei-Yu Wu, Kuan-Yang Chen, Po-Yuan Chen, Shu-Ling Cheng. Perceived Value, Transaction Cost, and Repurchase-intention in Online Shopping: A Relational Exchange Perspective [J]. Journal of Business Research, 2014, 67 (1): 2768-2776.

[65] Liang Fan, Yu Wei, Dou An, et al. A Survey on Big Data Market: Pricing, Trading and Protection [J]. IEEE Access, 2018 (6): 15132-15154.

[66] Ling Jiang, M. Jun, and Z. Yang. Customer-perceived Value and Loyalty: How do Key Service Quality Dimensions Matter in the Context of B2C E-commerce? [J]. Service Business, 2016, 10 (2): 301-317.

[67] Linlan Z. Protection in DRM and Pricing Strategies in a Two-echelon Digital Product Supply Chain [J]. International Journal of Systems Science: Operations & Logistics, 2018 (5): 1-12.

[68] Lin Wenhe, Xu Anxin, Qiuqin Ke, et al. Influence of Customer Perceived Vvalue on the Online Shopping Intention of Aquatic Products under B2C E-commerce [J]. Journal of Discrete Mathematical Sciences and Cryptography, 2018, 21 (6): 1189-1192.

[69] Liu Q., Serfes K. Price Discrimination in Two-Sided Markets [J]. Journal of Economics and Management Strategy, 2013, 22 (4): 768-786.

[70] Liu S. Research on Roles of University in the Development of Digital Publishing Industrial Clusters [J]. Liss, 2015 (4): 1763-1768.

[71] Liu Y. X. The Influence of Cloud Computing on Digital Publishing [J]. Advanced Materials Research, 2014 (9): 1799-1802.

[72] Li Y. M., Lin C. H. Pricing Schemes for Digital Content with DRM Mechanisms [J]. Decision Support Systems, 2009, 47 (4): 528-539.

[73] Luo C., Leng M., Tian X., et al. Pricing the Digital Version of a Book: Wholesale vs. Agency Models [J]. INFOR: Information Systems and Operational Research, 2018, 56 (2): 163-191.

[74] Mahlke Sascha. Factors Influencing the Experience of Website Usage [A] // Extended Abstracts of the 2002 Conference on Human Factors in Computing Systems [M]. New York: ACM, 2002.

[75] Mei Cao, Q. Zhang, J. Seydel. B2C E-commerce Web Site Quality: An

Empirical Examination [J]. Industrial Management and Data Systems, 2005, 105 (5): 645-661.

[76] Miao Jing, Z. Ying, L. Wei. The Perceived Risk Dimensions in Internet Shopping Environment [J]. Journal of ShanghaiJiaotong University, 2006 (4): 607-610.

[77] Moon J. W. Kim, Y. G. Extending the TAM for a Worldwide-Webcontext [J]. Information & Management, 2001, 38 (4): 217-230.

[78] Muller M., Seuring S. Reducing Information Technology-based Transaction Costs in Supply Chains [J]. Industrial Management and Data Systems, 2007, 107 (4): 484-500.

[79] M. Yang., B. Zha. Evaluation on the Whole Process of Patent Industrialization Based on GA-BP Neural Network [J]. Science & Technology Progress and Policy, 2010, 27 (20): 117-120.

[80] Na H. S., Hwang J., Hong J. Y. J., et al. Efficiency Comparison of Digital Content Providers with Different Pricing Strategies [J]. Telematics & Informatics, 2017, 34 (2): 657-663.

[81] Narin F. Patents as Indicators for the Evaluation of Industrial Research Output [J]. Scientometrics, 1995, 34 (3): 489-496.

[82] Niu Y., Li H., Qing Q. New Technology Research and Practices in Digital Publishing in China [J]. Publishing Research Quarterly, 2018, 34 (4): 573-579.

[83] Niyato D., Alsheikh M. A., Wang P., et al. Market Model and Optimal Pricing Scheme of Big Data and Internet of Things (IoT) [A] // 2016 IEEE International Conference on Communications (ICC) [M]. Kuala Lumpur: IEEE, 2016: 1-6.

[84] Oliver R. L. A Cognitive Model of the An Tecedents and Consequences of Satisfaction Decisions [J]. Journal of Marketing Research, 1980, 17 (4): 460-469.

[85] Pakes A. Patents as Options: Some Estimates of the Value of Holding European Patent Stocks [J]. Econometrica, 1986, 54 (4): 755-784.

[86] Park K. J. A Study on Effects of Relative Benefits and Costs of Piracy of Digital Contents on Attitudes and Behaviors of Illegal Duplication [J]. Journal of the Korea Contents Association, 2015, 15 (7): 489-499.

[87] Park Y., Park G. A New Method for Technology Valuation in Monetary Value: Procedure and Application [J]. Technovation, 2004, 24 (5): 387-394.

[88] Peng Y. Mobile and Digitally-mediated Publishing Strategies in China: An

Overview of Evolving Business Models [J]. Publishing Research Quarterly, 2016, 32 (3): 247-260.

[89] Philip Kotler. Competitive Strategies for New Product Marketing Over the Life Cycle [J]. Management Science, 1965, 12 (4): 104-119.

[90] Philip O'Reilly, Aidan Duane, Pavel Andreev. To M-Pay or not to M-Pay-Realising the Potential of Smart Phones: Conceptual Modeling and Empirical Validation [J]. Electronic Markets, 2012, 22 (4): 229-241.

[91] Pu Q., Zhu X., Chen D., et al. Analysis and Optimization of PDF-to-EPUB in the Digital Publishing Process [J]. The Electronic Library, 2018, 36 (2): 350-368.

[92] Rawat Seema. Challenges and Opportunities with Big Data [J]. Innovation in IT, 2014, 1 (1): 26-42.

[93] Reisman R. and Bertini M. A Novel Architecture to Monetize Digital Offerings [J]. Journal of Revenue and Pricing Management, 2018, 17 (6): 453-458.

[94] Ren X., Yang S., Wang G., et al. Research on Cross Platform Digital Publishing Technology Based on HTML5 [A] // Proceedings of IEEE 8th International Conference on Information Technology in Medicine and Education [M]. New York: IEEE, 2016: 685-688.

[95] Riederer C, Erramilli V, Chaintreau A, et al. For Sale: Your Data By: You [A] // Proceedings of the 10th ACM Workshop on Hot Topics in Networks [M]. Cambridge: ACM, 2011: 72-78.

[96] Rochet J., Tirole J. Platform Competition in Two-sided Markets [J]. Journal of the European Economic Association, 2003, 1 (4): 990-1029.

[97] Rong K., Lin Y., Shi Y., et al. Linking Business Ecosystem Lifecycle with Platform Strategy: A Triple View of Technology, Application and Organization [J]. International Journal of Technology Management, 2013, 62 (1): 75-94.

[98] Roux E. L., Bothma T., and Gaigher S. The Predictive Value of Disruptive Technology Theory for Digital Publishing in the Traditional Publishing Environment [J]. Journal of Scholarly Publishing, 2014, 45 (45): 261-288.

[99] Saili Tang and Mingli Z. Differences and Impact Factors between Customer Expected Value and Customer Perceived Value [A] //Proceedings of 2010 International Conference on E-Product E-Service and E-Entertainment [M]. New York: IEEE, 2010.

[100] Salehpour-Oskouei F., Pourgol-Mohammad M. Sensor Placement Deter-

mination in System Health Monitoring Process Based on Dual Information Risk and Uncertainty Criteria [J]. Proceedings of the Institution of Mechanical Engineers Part O-Journal of Risk and Reliability, 2018, 232 (1): 65.

[101] Sanders B. S., Rossman J., Harris L. J. The Economic Impact of Patents [J]. Patent Trademark & Copyright Journal, 1958, 2 (2): 340-362.

[102] Schankerman M., and Pakes A. Estimates of the Value of Patent Rights in European Countries During the Post-1950 Period [J]. Economic Journal, 1986, 96 (384): 1052-1076.

[103] Sherry E. F., Teece D. J. Royalties, Evolving Patent Rights, and the Value of Innovation [J]. Research Policy, 2004, 33 (2): 179-191.

[104] Sheth J. N., Bruce I., Newman. Why We Buy What We Buy: A Theory of Consumption Values [J]. Journal of Business Research, 1991, 22 (4): 159-170.

[105] Shieh L. F., Yeh C. C., Lai M. C. Critical Success Factors in Digital Publishing Technology Using an ANP Approach [J]. Technological and Economic Development of Economy, 2015, 22 (5): 1-15.

[106] Sivanenthira, S. S. Shivany. Factors InFluencing Customer Perceived Value of Services of Medical Clinics [J]. Excel International Journal of Multidisciplinary Management Studies, 2013, 3 (5): 254-270.

[107] Sivek, Currie S. Opportunities and Constraints for Independent Digital Magazine Publishing [J]. Social Science Electronic Publishing, 2014, 15 (1): 1-19.

[108] Skolinik. Comments on Discounted Cash Flow Valuation Models: What is the Correct Discount Rate? [J]. Appraisal Journal, 1992, 58 (2): 267-274.

[109] Sun Y. Grimes S. The Actors and Relations in Evolving Networks: The Determinants of Inter-regional Technology Transaction in China [J]. Technological Forecasting and Social Change, 2017 (125): 125-136.

[110] Sun Z., Di L., Heo G., et al. GeoFairy: Towards a One-stop and Location Based Service for Geospatial Information Retrieval [J]. Computers, Environment and Urban Systems, 2017 (62): 156-167.

[111] Suzuki J. Structural Modeling of the Value of Patent [J]. Research Policy, 2011, 40 (7): 986-1000.

[112] Teo Thompson S. H., Y. Yu. Online Buying Behavior: A Transaction Cost Economics Perspective [J]. Omega, 2005, 33 (5): 451-465.

[113] Timo Rintamäki, Antti Kanto, Hannu Kuusela, Mark T. Spence. Decomposing the Value of Department Store Shopping into Utilitarian, Hedonic and Social

Dimensions: Evidence from Finland [J]. International Journal of Retail and Distribution Management, 2006, 34 (1): 6-24.

［114］Tony Ahn, S. Ryu, I. Han. The Impact of the Online and Offline Features on the User Acceptance of Internet Shopping Malls [J]. Electronic Commerce Research and Applications, 2004, 3 (4): 405-420.

［115］Tu Y. Y. The Issues and Challenges in Copyright Protection for Agriculture digital Publishing [A] // Proceedings of the 8st International Conference on Computer and Computing Technologies in Agriculture [M]. Berlin: Springer, 2014: 419-425.

［116］Viktor Mayer-Schonberger, Kenneth Cukier. 大数据时代：生产、工作与思维的大变革 [M]. 盛杨燕, 周涛译. 杭州：浙江人民出版社, 2013.

［117］Vincent-Wayne Mitchell. Consumer Perceived Risk: Conce-Ptualizations and Models [J]. European Journal of Marketing, 1999 (33): 163-195.

［118］Wang J., Feng P. Y. Application of Multi-level Fuzzy Comprehensive Evaluation Model in the Patent Asset Evaluation Research [J]. Science & Technology & Economy, 2014, 27 (3): 46-50.

［119］Wang M. S. Secure Data Storage for Protecting Digital Content: US 8452988 B2 [P]. 2013-05-28.

［120］Wang X., He F., Yang H., et al. Pricing Strategies for a Taxi-hailing Platform [J]. Transportation Research Part E: Logistics and Transportation Review, 2016 (96): 212-231.

［121］Wang Xuhui, Xu Jian. The Influencing Mechanism of Online Perceived Value and Switching Costs on Online Customer Loyalty [A] //2008 International Seminar on Business and Information Management Volume 1 [M]. New York: IEEE, 2008.

［122］Wilko Bolt, Alexander Tieman. Heavily Skewed Pricing in Two-sided Markets [J]. International Journal of Industrial Organization, 2008, 26 (5): 1250-1255.

［123］Williams Allan. System And Method For Patent Evaluation Using Artificial Intelligence: US8161049 B2 [P]. 2012-04-17.

［124］William W., Sunward. Designing Libraries for Customers [J]. Library Leadership and Management, 2007, 21 (3): 106-159.

［125］Wi-Suk Kwon, Sharron J. Lennon. What Induces Online Loyalty? Online versus Offline Brand Images [J]. Journal of Business Research, 2009, 62 (5): 557-564.

[126] Woodruff R. B. Customer Value: The Next Source for Competitive Advantage [J]. Journal of the Academy of Marketing Science, 1997, 25 (2): 139-153.

[127] Wu C. C. Constructing a Weighted Keyword-based Patent Network Approach to Identify Technological Trends and Evolution in a Field of Green Energy: A Case of Biofuels [J]. Quality & Quantity, 2016, 50 (1): 213-235

[128] Yu A., Hu Y., Fan M. Pricing Strategies for Tied Digital Contents and devices [J]. Decision Support Systems, 2011, 51 (3): 405-412.

[129] Yu Y., Li J. Patent Pledge Evaluation Model Construction Based on the AHP [J]. Applied Mechanics & Materials, 2013 (380): 4700-4704.

[130] Zeithaml V. A., Berry L. L., Parasuraman A. The Behavioral Consequences of Service Quality [J]. Journal of Marketing, 1996, 60 (2): 31-46.

[131] Zeithaml V. A. Service Quality, Profitability, and the Economic Worth of Customers: What We Know and What We Need to Learn [J]. Journal of the Academy of Marketing Science, 2000, 28 (1): 67-85.

[132] Zhang L. H., Mi X. L., Yang C., et al. Watermark-based Mobile Digital Content Right Management Scheme [J]. Application Research of Computers, 2007, 24 (3): 125-127.

[133] Zhang Y., Qian Y., Huang Y., et al. An Entropy-based Indicator System for Measuring the Potential of Patents in Technological Innovation: Rejecting Moderation [J]. Scientometrics, 2017, 111 (3): 1-22.

[134] 白长虹, 刘炽. 服务企业的顾客忠诚及其决定因素研究 [J]. 南开管理评论, 2002 (6): 64-69.

[135] 白琳. 顾客感知价值、顾客满意和行为倾向的关系研究述评 [J]. 管理评论, 2009, 21 (1): 87-93.

[136] 蔡万刚, 钟榴, 刘姜, 郑建国. 基于双边市场的互联网平台企业倾斜定价模型与策略 [J]. 上海理工大学学报, 2019, 41 (1): 52-57.

[137] 曹俊浩, 陈宏民, 石彼得. 基于双边市场理论的B2B垄断平台自网络外部性分类及其强度研究 [J]. 上海交通大学学报, 2010, 44 (12): 1661-1664.

[138] 曹蒙, 袁小群. 数字内容产品定价问题研究 [J]. 中国出版, 2014 (17): 39-42.

[139] 茶洪旺, 袁航. 中国大数据交易发展的问题及对策研究 [J]. 区域经济评论, 2018 (4): 89-95.

[140] 成韵, 刘勇. 顾客价值对购买决策影响的实证研究 [J]. 科技管理研究, 2013, 33 (2): 203-207.

[141] 程贵孙，陈宏民，孙武军. 具有网络外部性特征的企业兼并模式选择 [J]. 中国管理科学，2006 (5)：121-127.

[142] 程贵孙，孙武军，万玲珠. 国外银行卡产业理论研究的新进展 [J]. 产业经济研究，2007 (1)：71-79.

[143] 程夷，周焯华. 技术进步对专利价值影响的实物期权分析 [J]. 工业工程，2011，14 (5)：58-61.

[144] 崔剑峰. 感知风险对消费者网络冲动购买的影响 [J]. 社会科学战线，2019 (4)：254-258.

[145] 崔艳红. 感知风险理论在网上购物中的应用 [J]. 电子商务，2007 (3)：75-79.

[146] 单娟，崔晨虹，武婕. 数字化时代的奢侈品牌：感知价值的重构与展望 [J]. 管理现代化，2018，38 (3)：79-81.

[147] 邓慧智. 高校图书馆门户网站的一站式服务特点剖析——基于24所高校图书馆的调查 [J]. 图书情报工作，2015，59 (2)：61-65.

[148] 董大海，李广辉，杨毅. 消费者网上购物感知风险构面研究 [J]. 管理学报，2005 (1)：55-60.

[149] 董大海，杨毅. 网络环境下消费者感知价值的理论剖析 [J]. 管理学报，2008 (6)：856-861.

[150] 樊辉，张健，倪渊等. 商业模式创新研究演化过程、热点与主题探析——CSSCI（2000-2016）文献计量分析 [J]. 科技管理研究，2018，38 (11)：202-210.

[151] 范银华，粟娟. Black-Scholes期权风险厌恶定价公式用于专利价值评估 [J]. 价值工程，2000 (4)：17-18.

[152] 范泽明，李海英，孙浩亮，王红. 知识产权质押融资价值评估：收益分成率研究 [J]. 科学学研究，2012，30 (6)：856-864+840.

[153] 方匡南，吴见彬，朱建平，谢邦昌. 随机森林方法研究综述 [J]. 统计与信息论坛，2011，26 (3)：32-38.

[154] 冯丽艳. 专利价值评估中技术分成率的确定方法 [J]. 商业会计，2011 (3)：46-47.

[155] 冯岭，彭智勇，刘斌，车敦仁. 一种基于潜在引用网络的专利价值评估方法 [J]. 计算机研究与发展，2015，52 (3)：649-660.

[156] 冯云乔，严灵毓. 众包平台任务定价的一类新方法 [J]. 工业工程与管理，2018，23 (4)：145-149.

[157] 付瑞雪. 数字内容分发平台与商业模式的研究 [D]. 北京：北京邮

电大学, 2009.

[158] 高海霞. 基于消费者风险态度的赋权价值购买模型 [J]. 中大管理研究, 2010, 5 (1): 118-130.

[159] 葛翔宇, 赵翼, 周艳丽, 李庆. 高新技术企业发展中的专利权价值问题——基于跳扩散实物期权定价的建模与模拟 [J]. 系统管理学报, 2015, 24 (3): 355-364.

[160] 耿波. 消费者网络购物感知风险的构成及减消策略 [J]. 中国商贸, 2011 (11): 103-104.

[161] 顾丽梅. 政务服务: 从"一站式服务"到"参与式治理" [J]. 中国党政干部论坛, 2018 (7): 89-90.

[162] 关涛, 高晶, 张雪桐. 顾客感知价值对网络信息产品定价的影响研究 [J]. 财经理论与实践, 2017, 38 (4): 97-102.

[163] 贵阳大数据交易所. 贵阳大数据交易所 702 公约 [EB/OL]. [2019-04-08]. https://baike.baidu.com/item/%E8%B4%B5%E9%98%B3%E5%A4%A7%E6%95%B0%E6%8D%AE%E4%BA%A4%E6%98%93%E6%89%80702%E5%85%AC%E7%BA%A6/17633909?fr=Aladdin.

[164] 郭明军, 安小米, 洪学海. 关于规范大数据交易充分释放大数据价值的研究 [J]. 电子政务, 2018 (1): 31-37.

[165] 郭亚军. 综合评价理论、方法及应用 [M]. 北京: 科学出版社, 2007.

[166] 郭燕, 陈国华, 王凯. 传统零售与"互联网+"融合中的定价策略研究——基于消费者感知价值的分析 [J]. 价格理论与实践, 2016 (8): 152-154.

[167] 国家知识产权局专利管理司, 中国技术交易所. 专利价值分析指标体系操作手册 [M]. 北京: 知识产权出版社, 2012.

[168] 何建民, 潘永涛. 顾客感知价值、顾客满意与行为意向关系实证研究 [J]. 管理现代化, 2015, 35 (1): 28-30.

[169] 胡启超. BP 神经网络在专利价值评估中的应用研究 [D]. 哈尔滨: 哈尔滨工业大学, 2013.

[170] 胡小君, 陈劲. 基于专利结构化数据的专利价值评估指标研究 [J]. 科学学研究, 2014, 32 (3): 343-351.

[171] 华进, 张一帆. 论数字出版与知识付费生态关系的建构 [J]. 科技与出版, 2018 (1): 84-88.

[172] 黄海瑛, 曾承, 章文, 殷娜, 王少辉, 陈歆玺, 冉从敬. 大数据环境下的一站式服务平台建构研究——以"智慧专利港湾"为例 [J]. 信息资源

管理学报，2018，8（2）：40-48.

[173] 黄洪波，宋河发，曲婉. 专利产业化及其评价指标体系与测度方法研究[J]. 科技进步与对策，2011，28（15）：110-114.

[174] 黄乐，刘佳进，黄志刚. 大数据时代下平台数据资产价值研究[J]. 福州大学学报（哲学社会科学版），2018，32（4）：50-54.

[175] 黄意武，游登贵."一带一路"框架下数字出版产业发展促进机制[J]. 中国出版，2018，439（14）：26-30.

[176] 纪汉霖. 双边市场定价方式的模型研究[J]. 产业经济研究，2006（4）：11-20.

[177] 江积海，李琴. 平台型商业模式创新中连接属性影响价值共创的内在机理——Airbnb的案例研究[J]. 管理评论，2016，28（7）：252-260.

[178] 姜丽媛. 全渠道零售时代下产品的网络适应性变化及对策[J]. 经济问题探索，2015（7）：7-13.

[179] 蒋廉雄，卢泰宏. 形象创造价值吗？——服务品牌形象对顾客价值—满意—忠诚关系的影响[J]. 管理世界，2006（4）：106-114+129.

[180] 蒋颖. 人文社会科学领域文献计量学研究[M]. 北京：社会科学文献出版社，2013.

[181] 金帆. 价值生态系统：云经济时代的价值创造机制[J]. 中国工业经济，2014（4）：97-109.

[182] 金泳锋，邱洪华. 基于层次分析模型的专利价值模糊评价研究[J]. 科技进步与对策，2015，32（12）：124-128.

[183] 靳晓东. 基于多层次模糊综合评价法的专利资产证券化中的专利选择[J]. 科技进步与对策，2012，29（1）：138-141.

[184] 靳晓东. 基于实物期权的专利资产证券化中的单一专利价值评估[J]. 统计与决策，2011（4）：50-53.

[185] 井淼，周颖，吕巍. 互联网购物环境下的消费者感知风险维度[J]. 上海交通大学学报，2006（4）：607-610.

[186] 科技日报. 全球首个数据资产评估模型发布：用数据资产进行"抵押"成为现实[EB/OL].[2019-04-08]. http：//digitalpaper.stdaily.com/http_www.kjrb.com/kjrb/html/2016-04/29/content_337801.htm?div=-1.

[187] 雷兵. 网上零售顾客价值研究[J]. 生产力研究，2008（2）：58-60+161.

[188] 雷梦思，李华，王方. 网上技术市场是双边市场吗？——以浙江网上技术市场为例[J]. 科技管理研究，2017，37（14）：41-45.

[189] 李春燕, 石荣. 专利质量指标评价探索 [J]. 现代情报, 2008 (2): 146-149.

[190] 李妃养, 黄何, 曾乐民. 全球视角的技术交易平台建设经验及启示建议 [J]. 中国科技论坛, 2018 (1): 24-29.

[191] 李妃养, 黄何, 曾乐民. 全球视角的技术交易平台建设经验及启示建议 [J]. 中国科技论坛, 2018 (1): 24-29.

[192] 李刚. 基于熵值修正G1组合赋权的科技评价模型及实证 [J]. 软科学, 2010, 24 (5): 31-36.

[193] 李国杰, 程学旗. 大数据研究: 未来科技及经济社会发展的重大战略领域——大数据的研究现状与科学思考 [J]. 中国科学院院刊, 2012, 27 (6): 647-657.

[194] 李惠璠, 罗海成, 姚唐. 企业形象对顾客态度忠诚与行为忠诚的影响模型——来自零售银行业的证据 [J]. 管理评论, 2012, 24 (6): 88-97.

[195] 李满海, 辛向阳. 数据的价值层次和设计模式 [J]. 包装工程, 2019, 40 (2): 134-137.

[196] 李品, 杨建林. 大数据时代哲学社会科学学术成果评价: 问题、策略及指标体系 [J]. 图书情报工作, 2018, 62 (16): 5-14.

[197] 李清海, 刘洋, 吴泗宗, 许晓冰. 专利价值评价指标概述及层次分析 [J]. 科学学研究, 2007 (2): 281-286.

[198] 李天柱, 马佳, 吕健露, 侯锡林. 大数据价值孵化机制研究 [J]. 科学学研究, 2016, 34 (3): 321-329+345.

[199] 李武, 艾鹏亚, 谢蓉. 基于感知价值视角的在线付费问答平台用户付费意愿研究 [J]. 图书情报知识, 2018 (4): 4-14.

[200] 李秀娟. 专利价值评估的影响因子 [J]. 电子知识产权, 2009 (5): 64-67.

[201] 李学龙, 龚海刚. 大数据系统综述 [J]. 中国科学: 信息科学, 2015, 45 (1): 1-44.

[202] 李永红, 李金鹜. 互联网企业数据资产价值评估方法研究 [J]. 经济研究导刊, 2017 (14): 104-107.

[203] 李永红, 张淑雯. 数据资产价值评估模型构建 [J]. 财会月刊, 2018 (9): 30-35.

[204] 李振亚, 孟凡生, 曹霞. 基于四要素的专利价值评估方法研究 [J]. 情报杂志, 2010, 29 (8): 87-90.

[205] 李志鹏, 夏轶群. 基于三角模糊数层次分析法的专利质押融资价值

评估［J］．财会月刊，2016（15）：63-66．

［206］李宗伟，张艳辉，栾东庆．哪些因素影响消费者的在线购买决策？——顾客感知价值的驱动作用［J］．管理评论，2017，29（8）：136-146．

［207］梁春梅．农村中小企业公共服务平台服务内容的产品属性分析［J］．理论学刊，2014（5）：58-62．

［208］梁健爱．顾客感知风险对网络零售商惠顾意愿影响实证研究［J］．企业经济，2012，31（8）：110-114．

［209］梁健爱．解析零售企业顾客忠诚度影响因素［J］．江苏商论，2006（1）：49-51．

［210］刘朝阳．大数据定价问题分析［J］．图书情报知识，2016（1）：57-64．

［211］刘洪玉，张晓玉，侯锡林．基于讨价还价博弈模型的大数据交易价格研究［J］．中国冶金教育，2015（6）：86-91．

［212］刘力钢，刘建基．大数据情境下企业价值创造路径及效果评价［J］．企业经济，2017，36（4）：54-59．

［213］刘琦，童洋，魏永长，陈方宇．市场法评估大数据资产的应用［J］．中国资产评估，2016（11）：33-37．

［214］刘新民，李芳，王松．基于价值嵌入的电子商务社交购物模式应用研究［J］．商业研究，2016（4）：125-130．

［215］卢珂，周晶，林小围．考虑交叉网络外部性的网约车平台市场定价研究［J］．运筹与管理，2019，28（7）：169-178．

［216］吕晓蓉．专利价值评估的动态模拟方法研究［J］．科技进步与对策，2017，34（3）：117-122．

［217］吕晓蓉．专利价值评估指标体系与专利技术质量评价实证研究［J］．科技进步与对策，2014，31（20）：113-116．

［218］吕雪晴．海淘消费者感知风险的形成机理［J］．中国流通经济，2016，30（4）：101-107．

［219］罗秉雪．数字出版：新语境下的概念演变与界定［J］．出版发行研究，2016（1）：26-29．

［220］罗海成．顾客忠诚的心理契约机制研究［J］．管理评论，2006，18（1）：57-62

［221］罗琴．知识产权交易一站式全程服务模式研究［D］．中国科学技术大学，2017．

［222］马慧民，王鸣涛，叶春明．日美知识产权综合评价指标体系介绍［J］．商场现代化，2007（31）：301-302．

[223] 马俊海，张秀峰. 专利实物期权定价的蒙特卡罗模拟方法及其改进技术 [J]. 财经论丛，2011（2）：53-60.

[224] 马力辉，张润利，范昀阳. 专利价值及影响因素 [J]. 工程机械文摘，2009（5）：21-24.

[225] 马亚丽，李华，王方. 基于双边市场理论的网上技术市场定价策略 [J]. 科技管理研究，2016，36（11）：233-239.

[226] 马忠明，刘康泽. 应用实物期权方法评估专利价值 [J]. 中南财经政法大学学报，2006（3）：59-63.

[227] 马忠明，易江. 专利价值评估的实物期权方法 [J]. 价值工程，2004，23（1）：36-39.

[228] 迈克尔·波特. 竞争优势 [M]. 北京：华夏出版社，1997：97-105.

[229] 梅姝娥，吴玉怡. 价值网络视角下技术交易平台商业模式研究 [J]. 科技进步与对策，2014，31（6）：1-5.

[230] 孟庆良，韩玉启，吴正刚. 电子商务模式下顾客价值度量模型的构建及应用 [J]. 科技进步与对策，2006（6）：148-150.

[231] 潘旭伟，祝锡永，李娜. 在情境中实现知识管理 [J]. 图书情报工作，2011，55（4）：95-99.

[232] 潘颖. 基于层次分析法的专利价值模糊评估 [J]. 情报探索，2014（10）：16-18.

[233] 钱坤，沈厚才，黄忠全. 基于质押融资的专利价值系统分析 [J]. 管理现代化，2013（4）：16-18+30.

[234] 邱甲贤，林漳希，童牧. 第三方电子交易平台运营初期的定价策略——基于在线个人借贷市场的实证研究 [J]. 中国管理科学，2014，22（9）：57-65.

[235] 邱一卉，张驰雨，陈水宣. 基于分类回归树算法的专利价值评估指标体系研究 [J]. 厦门大学学报（自然科学版），2017，56（2）：244-251.

[236] 曲金丽，张建华，张晓海. 专利信息一站式服务平台构建研究 [J]. 兰台世界，2014（17）：90-91.

[237] 扫清数据流通的路障 [N]. 人民日报，2018-05-14（11）.

[238] 石艾鑫，郜鼎，谢婧. 互联网企业数据资产价值评估体系的构建 [J]. 时代金融，2017（14）：109+112.

[239] 石岿然，高艳，季欣. 大规模定制下消费者购买意愿及影响因素研究 [J]. 工业工程与管理，2017，22（2）：168-174.

[240] 史艳丽. 基于顾客价值的顾客学习与决策过程研究 [J]. 湖南工业大学学报（社会科学版），2011，16（6）：68-72.

[241] 舒服华. 基于模糊灰色评价法的发明专利价值评价 [J]. 中国资产评估, 2018 (5): 33-38.

[242] 宋培义, 王立秀. 数字媒体内容产品交易平台的定价策略研究 [J]. 新闻界, 2012 (12): 48-51.

[243] 孙超, 李霞. 高校图书馆为大学生创客提供一站式服务探索 [J]. 图书馆论坛, 2015, 35 (10): 57-61.

[244] 孙强, 司有和. 网上购物顾客感知价值构成研究 [J]. 科技管理研究, 2007 (7): 185-187.

[245] 孙武军, 陆璐. 交叉网络外部性与双边市场的倾斜式定价 [J]. 中国经济问题, 2013 (6): 83-90.

[246] 汤鹏翔, 靳杰, 郑可. 基于熵权灰色关联分析的高校技术交易行为评价——以A高校为例 [J]. 数学的实践与认识, 2016, 46 (9): 113-120.

[247] 唐恒, 孔漾婕. 专利质押贷款中的专利价值分析指标体系的构建 [J]. 科学管理研究, 2014, 32 (2): 105-108.

[248] 铁翠香. 网络口碑效应实证研究——基于信任和感知价值的中介作用 [J]. 情报科学, 2015, 33 (8): 72-78.

[249] 涂子沛. 数据之巅: 大数据革命, 历史、现实与未来 [M]. 北京: 中信出版社, 2014.

[250] 万小丽, 朱雪忠. 专利价值的评估指标体系及模糊综合评价 [J]. 科研管理, 2008 (2): 185-191.

[251] 王崇, 王祥翠. 网络环境下基于价值理论的我国消费者购买意愿影响因素研究 [J]. 数理统计与管理, 2011, 30 (1): 127-135.

[252] 王崇, 吴价宝, 王延青. 移动电子商务下交易成本影响消费者感知价值的实证研究 [J]. 中国管理科学, 2016, 24 (8): 98-106.

[253] 王洪艳, 王志江. 数字产品定价博弈分析 [J]. 华东经济管理, 2005, 19 (5): 51-53.

[254] 王卉, 张瑞静. 人工智能技术在数字出版中的应用现状与发展趋势 [J]. 出版发行研究, 2018 (2): 45-49.

[255] 王金丽, 申光龙, 秦鹏飞, 彭晓东. 在线顾客满意、顾客惰性与顾客忠诚的一种动态权变作用机制 [J]. 管理学报, 2017, 14 (11): 1681-1689.

[256] 王敬, 李舒. 知识型企业专利估值方法研究 [J]. 管理学报, 2004 (3): 341-345+247-248.

[257] 王静, 吴玉春, 孙大帅. 基于决策树模型的非商业化专利价值评估方法研究 [J]. 经济论坛, 2012 (10): 131-136.

[258] 王莉莉,栾冠楠.英国广播公司（BBC）动态语义出版模式研究[J].图书情报工作,2017,61(8):126-132.

[259] 王娜,谭力文.双边市场：一个概念性的文献综述[J].兰州商学院学报,2010,26(2):26-33.

[260] 王卫,张梦君,王晶.国内外大数据交易平台调研分析[J].情报杂志,2019,38(2):181-186+194.

[261] 王文举,韩国庆.碳排放权交易平台手续费定价博弈分析[J].价格月刊,2016(9):1-5.

[262] 王晓光,金秀坊.数字出版何去何从——2017年数字出版研究综述[J].出版广角,2018,309(2):11-15.

[263] 王笑笑,郝红军,张树臣,王京.基于模糊神经网络的大数据价值评估研究[J].科技与管理,2019,21(2):1-9.

[264] 王骍琪,侯治平,包金龙等.消费者视角下数字出版物定价的影响因素研究[J].情报理论与实践,2014,37(4):53-56.

[265] 王骍琪,侯治平,袁勤俭.产品特性视角下数字出版物定价的影响因素研究[J].科技与出版,2013(8):61-64.

[266] 王旭.专利价值与企业建立专利管理机制的必要性[J].科技情报开发与经济,2007(4):205-207.

[267] 王俨,郭婕婷,肖国华.社会网络理论在专利引用中的应用[J].情报理论与实践,2008(3):364-366.

[268] 王艳芝,韩德昌.顾客如何感知大规模定制——基于顾客自我效能、选项呈现方式与定制满意的实证研究[J].软科学,2012,26(4):140-144.

[269] 王志刚.论人工智能出版的版权逻辑[J].现代传播（中国传媒大学学报）,2018,40(8):21-25+54.

[270] 王志宏,傅长涛.用户不同归属行为下货运共享平台的定价策略研究[J].管理学报,2019,16(7):1081-1087.

[271] 王宗水,赵红,刘宇,秦续忠.社会网络研究范式的演化、发展与应用——基于1998~2014年中国社会科学引文数据分析[J].情报学报,2015,34(12):1235-1245.

[272] 温明,孙鹤,涂洪谊.专利价值的模糊综合评价模型[J].统计与决策,2012(17):77-80.

[273] 3问大数据[N].人民日报,2018-02-01(14).

[274] 吴建祖,陈雪丽.竞争条件下企业专利商业化时机研究[J].软科学,2010,24(10):51-54.

[275] 吴江. 数据交易机制初探——新制度经济学的视角 [J]. 天津商业大学学报, 2015, 35 (3): 3-8+20.

[276] 吴江文. 2009 年数字出版研究综述 [J]. 中国出版, 2010 (6): 35-38.

[277] 吴锦峰, 常亚平, 侯德林. O2O 零售系统顾客采纳意愿实证研究——基于网络购物经验的调节作用 [J]. 中国流通经济, 2016, 30 (5): 72-80.

[278] 吴君, 陈少华. 数字出版人才的培养模式思考——美、英、德三国培养模式比较研究 [J]. 科技与出版, 2018 (5): 144-149.

[279] 吴英慧. 美国大数据协同创新及启示 [J]. 情报杂志, 2019, 38 (4): 168-174+200.

[280] 武瑾. 浅析顾客互动对服务交互质量的影响及管理对策 [J]. 科技情报开发与经济, 2009, 19 (1): 119-121.

[281] 夏轶群, 陈俊芳, 刘喜富. 专利成果合作产业化价值的实物期权评价 [J]. 科技进步与对策, 2009, 26 (9): 132-134.

[282] 夏轶群, 陈俊芳. 有可替代性和时间贬损的不确定条件技术专利价值评估 [J]. 科技进步与对策, 2009, 26 (15): 128-130.

[283] 项枫, 李东华. 浙江网上技术市场的特点、问题及政策思路 [J]. 浙江学刊, 2013 (3): 189-194.

[284] 谢萍, 王秀红, 卢章平. 企业专利价值评估方法及实证分析 [J]. 情报杂志, 2015, 34 (2): 93-98.

[285] 熊楚. 数字出版版权保护面临的问题及对策 [J]. 传播与版权, 2018 (2): 186-187.

[286] 熊励, 陈朋. 版权管理下数字内容用户行为分析与仿真研究 [J]. 科研管理, 2014, 35 (12): 168-174.

[287] 许华斌, 成全. 专利价值评估研究现状及趋势分析 [J]. 现代情报, 2014, 34 (9): 75-79.

[288] 薛明皋, 苏丽丽. 风险溢价、不确定性与专利投资的多阶段性 [J]. 中国管理科学, 2010, 18 (3): 1-9.

[289] 薛鑫. "互联网+" 时代数字出版的趋势 [J]. 出版广角, 2018, 309 (2): 41-43.

[290] 杨凤. 基于顾客价值的电子商务网站竞争优势的构建 [J]. 现代情报, 2015, 35 (1): 120-127.

[291] 杨冠灿, 刘彤, 李纲, 安璐. 基于综合引用网络的专利价值评价研究 [J]. 情报学报, 2013, 32 (12): 1265-1277.

[292] 杨琪, 龚南宁. 我国大数据交易的主要问题及建议 [J]. 大数据,

2015, 1 (2): 38-48.

[293] 杨选良, 张薇, 程骏. 论科技基础条件平台的经济属性及收费政策 [J]. 中国科技论坛, 2006 (4): 29-31+23.

[294] 杨艳军, 康冬雪. 众筹模式支持者感知风险维度研究 [J]. 中南大学学报（社会科学版）, 2016, 22 (4): 95-102.

[295] 杨志辉. 学术期刊数字化出版到智慧出版的变革 [J]. 编辑之友, 2019, 269 (1): 38-43.

[296] 叶凤云, 张弘. 基于价值链过程的大数据研究综述 [J]. 情报理论与实践, 2016, 39 (12): 124-129.

[297] 尹俊玲. "互联网+"背景下知识产权交易平台建设研究 [D]. 合肥：中国科学技术大学, 2018.

[298] 于大伟. 对专利信息利用困境的思考及对策探析——以构建专利数据开放平台为视角 [J]. 知识产权, 2014 (7): 78-83.

[299] 于广州. 数字图像内容保护下双重隐形数字水印仿真 [J]. 计算机仿真, 2018, 35 (2): 388-391.

[300] 郁舜, 冯程程. 数字出版产业发展之版权保障 [J]. 中国出版, 2018 (5): 59-62.

[301] 苑泽明, 李海英, 孙浩亮, 王红. 知识产权质押融资价值评估：收益分成率研究 [J]. 科学学研究, 2012, 30 (6): 856-864+840.

[302] 翟丽丽, 王佳妮. 移动云计算联盟数据资产评估方法研究 [J]. 情报杂志, 2016, 35 (6): 130-136.

[303] 詹惠蓉, 彭龙. 基于多重实物期权的专利权价值评估 [J]. 科技进步与对策, 2009, 26 (8): 109-112.

[304] 张冰, 周步祥, 石敏, 魏金萧. 基于灰色关联分析与随机森林回归模型的短期负荷预测 [J]. 水电能源科学, 2017, 35 (4): 203-207.

[305] 张驰. 数据资产价值分析模型与交易体系研究 [D]. 北京：北京交通大学, 2018.

[306] 张凯, 董远山. 双边平台中用户运营成本与定价策略选择 [J]. 管理工程学报, 2019, 33 (3): 153-161.

[307] 张善杰, 陈伟炯, 陆亦恺, 石亮. 产业技术创新需求下高校图书馆专利信息服务策略 [J]. 图书情报工作, 2017, 61 (21): 64-70.

[308] 张伟, 雷星晖. 电子商务平台系统互动性对顾客感知价值的影响 [J]. 数学的实践与认识, 2012, 42 (11): 69-75.

[309] 张娴, 方曙, 肖国华, 高利丹, 唐川. 专利文献价值评价模型构建

及实证分析 [J]. 科技进步与对策, 2011, 28 (6): 127-132.

[310] 张旭梅, 邓流生, 丁雪峰. 盗版: 厂商的质量选择与政府的反盗版政策 [J]. 系统工程理论与实践, 2013, 33 (7): 1782-1790.

[311] 张彦巧, 张文德. 企业专利价值量化评估模型实证研究 [J]. 情报杂志, 2010, 29 (2): 51-54.

[312] 张彦巧, 张文德. 企业专利价值量化评估实证研究 [J]. 电子知识产权, 2009 (10): 30-35.

[313] 张咏梅, 穆文娟. 大数据时代下金融数据资产的特征及价值分析 [J]. 财会研究, 2015 (8): 78-80.

[314] 张羽, 郑建杰. 互联网专利交易及评估问题研究 [J]. 江苏科技信息, 2018, 35 (18): 24-27.

[315] 张志刚, 杨栋枢, 吴红侠. 数据资产价值评估模型研究与应用 [J]. 现代电子技术, 2015, 38 (20): 44-47+51.

[316] 赵晨. 专利价值评估的方法与实务 [J]. 电子知识产权, 2006 (11): 24-27.

[317] 赵栋祥, 陈烨, 张斌. 数据集市及其在交易中的价值 [J]. 图书情报工作, 2017, 61 (13): 5-12.

[318] 赵蓉英, 余波. 国际数据挖掘研究热点与前沿可视化分析 [J]. 现代情报, 2018, 38 (6): 128-137.

[319] 赵卫宏. 网络零售中的顾客价值——构筑一个扩充的多维度位阶模型 [J]. 江西社会科学, 2007 (11): 133-138.

[320] 赵蕴华, 张静, 李岩, 殷绪成. 基于机器学习的专利价值评估方法研究 [J]. 情报科学, 2013, 31 (12): 15-18.

[321] 赵子瑞. 浅析国内大数据交易定价 [J]. 信息安全与通信保密, 2017 (5): 61-67.

[322] 肇丹丹. 线上互动、感知价值与渠道转换意愿的关系研究 [J]. 统计与决策, 2015 (11): 111-114.

[323] 郑秋莹, 姚唐, 范秀成, 穆琳, 曹花蕊. 基于 Meta 分析的"顾客满意—顾客忠诚"关系影响因素研究 [J]. 管理评论, 2014, 26 (2): 111-120.

[324] 郑素丽, 宋明顺. 专利价值由何决定?——基于文献综述的整合性框架 [J]. 科学学研究, 2012, 30 (9): 1316-1323+1332.

[325] 郑兆红, 康键. 顾客满意与顾客忠诚关系分析模型的对比研究 [J]. 标准科学, 2009 (1): 80-83.

[326] 中国信息通信研究院. 中国大数据发展调查报告 (2018 年) [EB/

OL]. [2019-04-08]. https://wenku.baidu.com/view/dab8936178563c1ec5da50e2524de518964bd33f.html?from=search.

[327] 周芹,魏永长,宋刚,陈方宇.数据资产对电商企业价值贡献案例研究[J].中国资产评估,2016(1):34-39.

[328] 周荣辅,张莲,张亚明.微信公众平台推送信息内容对顾客品牌忠诚的影响[J].商业研究,2016(6):141-147.

[329] 周英男,李昕杨,王雪冬.专利初始静态价值的实物期权评估模型研究[J].科学学与科学技术管理,2007(6):9-12.

[330] 周正柱,朱可超.知识产权价值评估研究最新进展与述评[J].现代情报,2015,35(10):174-177.

[331] 朱简,何波.基于ACSI模型的电子商务顾客价值提升研究[J].商业研究,2016(3):148-156.

[332] 祝子丽,倪杉.数据资产管理研究脉络及展望——基于CNKI 2002-2017年研究文献的分析[J].湖南财政经济学院学报,2018,34(6):105-115.

[333] 资智洪,何燕玲,袁杰,文毅,王峻岭.专利价值二元分类评估方法的构建及应用[J].科技管理研究,2017,37(11):129-135.

[334] 邹照菊.关于大数据资产计价的若干思考[J].财会通讯,2018(28):35-39.

后 记

网络平台服务经济下，技术、服务、数据和内容资源作为竞争性无形资产存在巨大的交易需求。然而，这些资源形态多样、质量参差不齐、标准化程度低、产权归属认定模糊且价值认定具有双向不确定性，并非传统意义上完全化的商品。当前技术、服务、数据和内容资源的网络平台交易规则、价值评估以及定价机制尚不完善，降低了典型新兴资源的流通性和交易活跃度。对此，国家重点研发计划"现代服务业共性关键技术研发及应用示范"2017 年重点专项"服务价值与文化传播评估方法与及技术项目"，明确指出"研究网络平台服务经济环境下技术、服务、数据以及内容资源的综合价值评估体系与定价机制，形成原型系统与实证应用"。

本书研究内容正是来自于该项目的子课题（网络平台经济环境下资源价值评估与定价机制研究）。该课题自 2017 年立项以来，组成了包括北京信息科技大学、北京大学、中国技术交易所、中国科学学院大学在内的科研团队，经过三年的联合公关，取得了一系列研究成果，本书内容正是对这些成果的一次提炼和升华。希望通过本书，能够为网络平台经济背景下技术、服务、数据以及内容资源的价值评估与定价提供一些新思路和借鉴。依托本书理论模型开发的原型系统以及评价标准，已经在中国技术交易所、中国动漫集团、八戒合创股份有限公司等企业下属的网络平台进行成果应用，取得了一定的社会效益和经济效益。

本书在创作思路和研究设计上得到了蒋伟教授、张树武教授、秦勇教授的指导和启发，谢谢他们提出了宝贵意见。本书在电子件制作、出版印刷及校对事务中得到了经济管理出版社杨雪编辑的热情支持，在此衷心感谢。

本书写作过程，正遇上肆虐全球的新冠疫情暴发。"天若有情天亦老，人间正道是沧桑。"谨以此书献给那些奋斗在抗疫一线、用自己的生命、专业和行动守护中国的脊梁们，你们是最可爱的人。

由于时间和水平有限，本书尚有很多不足之处，恳请广大读者批评指正。

倪 渊

2020 年 6 月